KB261074

연금의 배신

금융회사가 당신에게 알려주지 않는 '불편한 진실'

연금의 배신

조연행 (금융소비자연맹 대표) 지음

북클라우드

제대로 알기 전에는 절대 연금 들지 마라

"100세까지 사는 데 문제없다고 전해라~"

노래도, 음식도, 주택도, 금융상품도 온통 '100세 시대' 타령이다. 100세 시대라는 말은 이제 일상용어가 됐다. 기업들은 모두의 고민거리가 되어버린 100세 시대를 타깃으로 가릴 것 없이 온갖 마케팅을 펼친다.

고려시대 왕들의 평균수명은 42세, 귀족들은 40세였다. 조선시대 왕들은 평균 47세까지 살았고 귀족들은 53세, 평민들은 24세까지 살았다. 불과 100여 년 전인 일제시대만 해도 국민들의 평균수명은 33.7세였다. 이처럼 평균수명이 길지 않다 보니 환갑이 되면 장수를 축하하는 잔치를 거하게 벌였다.

오늘날은 어떨까. 2012년 남성의 평균수명은 80세, 여성은 85.9세로 60여년 전과 비교해 35세 이상 늘어났다. 어디 그뿐인가. 65세 이상 인구를 노령인구라 하는데 1970년 우리나라의 노령인구는 3.1%였다. 2014년에는 이 수치가 12.7%가 되었다. 44년 만에 4배가 넘게 늘어난 것이다. 이렇듯 평균수명이나 노령인구는 기하급수적으로 증가하고 있다. 2030년에는 전 국민의 25%, 2060년이면 전 국민의 40%가 노령인구라는 말까지 나온다.

요즘 부모 부양은 고사하고, 자녀들이 부모에게 손 안 벌리고 살기만 해도 고마운 시대라고 한다. 그러니 이제 자신의 노후는 자신이 준비할 수밖에 없다. 노후준비 수단으로 가장 각광받는 것이 바로 연금이다. 연금으로 노년을 보내는 사람을 '연세대'에 다닌다고 비유하는 우스갯소리가 있는데, 실제로 어르신들이 가장 부러워하는 삶이라고 한다.

연금은 국가에서 실시하는 국민연금과 직장의 퇴직연금 그리고 금융회사를 통해 개인이 선택적으로 가입할 수 있는 개인연금으로 구분된다. 그런데 금융회사에서 판매하는 연금상품은 종류도 많고 복잡해서 어떤 것을 선택해야 할지 소비자들의 고민이 많다. 금융회사들은 어떻게 해서든 소비자들을 잡기 위해 자사의 상품이 노후를 완벽하게 책임져줄 것처럼 선전하지만, 여기에는 금융회사가 알려주지 않는 불편한 진실이 곳곳에 숨어 있다. 상품의 수익률이나 연금액은 실제보다 부풀려지기 일쑤이고 신뢰성 있어 보이는 기사는 실은 둔갑한 광고인 경우도 다반사이다.

2016년 2월 현재 한국은행 기준금리는 1.5%이다. 은행의 1년 만기 정기예금 금리가 2% 내외이고, 마이너스 수익률을 기록하는 펀드들이 수두룩하다. 그런데 10년 평균 물가상승률은 2.91%로 금리보다 높다. 최소한 물가상승률만큼이라도 이자가 불어나야 본전인데 이마저도 얻기 어려운 것이다. 실제로 대부분의 펀드 수익률이 물가상승률을 넘지 못하고 있다. 더구나 10%가 넘는 사업비를 떼는 보험상품의 수익률이 물가상승률을 넘어서려면 단순계산으로도 13%는 되어야 하는데, 그만큼의 수익률을 올리는 상품은 없다.

따라서 지금과 같이 수익률이 낮다면 미래를 대비하기는커녕, 자칫 원금도 까먹을 가능성이 크다. 그럼에도 잡은 물고기에게는 먹이를 주지 않는다는 말처럼 금융회사들은 연금 가입자에게서 꼬박꼬박 수수료를 떼어가면서도 수익률을 올리는 데는 별로 신경 쓰지 않고 있다. 실제로 금융소비자연맹에서 소비자가 납입한 보험료 대비 수익률, 즉 실효수익률을 계산한 적이 있다. 알고 보니 연평균 실효수익률은 1.97%에 불과해 10년 평균 물가상승률 2.9%를 넘지 못하는 상태였다. 2012년 3월 기준으로 연평균 실효수익률이 4%를 넘는 상품은 단 1개뿐이었고, 2%를 넘는 상품이 20개, 1%를 넘는 상품이 12개였다. 1% 미만인 상품도 6개나 되었다.

4년이 지난 지금, 얼마나 달라졌을까? 보험회사들은 아직도 소비자들에게 실효수익률이 아닌 펀드수익률만 제시하고 있다. 2015년 12월 말 기준으로 보험회사에서 공시하는 연평균 수익률은 2.68%이다. 하지만 이를 실효수익률로 다시 계산하니 무려 -9.02%였다. 변액연금보험의 895개 펀드 중 원금을 까먹지 않는 펀드가 단지 11개로 1.2%에 불과했고 98.8%인 884개 펀드가 마이너스 펀드였던 것이다.

더 큰 문제는 그렇다고 기왕 가입한 연금을 해지하는 것도 쉽지 않다는 사실이다. 중도 해지하면 원금을 돌려받지 못하고 지금까지 공제받은 세금을 모두 내게 되는 등 가입자의 손실이 만만치 않다. 이처럼 연금의 실상에 대해 제대로 알지 못한 채 그저 100세 시대 마케팅에 휘말려 가입자만 꼼짝없이 당하고 있는 형국이다. 이것이 바로 우리가 연금에 대해 정확하게 알아야 하는 이유이다.

이 책은 노후준비의 난관에 빠진 소비자들이 올바른 선택을 할 수 있도록 돕기 위해 쓴 것이다. 지금까지 시중에 나와 있는 서적이나 자료에서는 볼 수 없던, 누구도 말해주지 않았던 연금의 진실을 구체적이면서도 알기 쉽게 풀었다. 금융회사에서 연금상품을 판매할 때 말하지 않는 것들은 무엇인지, 이미 연금에 가입했다면 어떻게 관리해야 하는지 등 이 책에 담긴 내용이 최선의 선택으로 안내하는 등대가 되기를 바란다. 마지막으로 이 책을 읽을 독자에게 다시 한 번 당부하고 싶다.

"제대로 알기 전에는 절대로 연금 들지 마십시오!"

조 연 행

1장 금융회사가 말하는 장밋빛 미래의 실체

<table><tr><td>3장</td><td>

누구도 말해주지 않는
진짜 연금 재테크

</td></tr></table>

금융회사가 말하는
장밋빛 미래의 실체

아직도 뻥튀기 수익률에 속고 계십니까

과거와 달리 저성장과 경기 불황이 지속되고 있다. 소수를 제외하면 돈을 모으는 것은 힘들고 미래를 준비하는 것은 더욱 어려운 시대가 되었다. 특히 정년퇴직 개념이 사라지면서 불안한 노후를 걱정하며 개인연금상품에 관심을 기울이는 사람들이 늘어나고 있다.

현재 '연금'이란 이름이 붙은 금융상품은 생각보다 꽤 많다. 연금보험, 개인연금저축, 변액연금, 연금신탁, 즉시연금, 퇴직연금, 개인형 퇴직연금, 주택연금, 농지연금 등 다양한 상품이 존재한다. 대부분의 사람들이 이런 금융상품에 가입할 때 금융회사가 제시하는 수익률을 기준으로 의사 결정을 내린다. 하지만 그들이 말하는 수익률이 정말로 내가 받을 수 있는 수익률인지는 냉정하게 따져봐야 한다.

개인연금상품, 정말 믿어도 될까

2008년부터 2012년까지 연금저축 적립액은 46조 원에서 78조 8,000억 원으로 불어났다. 같은 기간 연금보험은 71조 원에서 137조 2,000억 원으로, 퇴직연금은 6조 원에서 69조 2,000억 원으로 규모가 커졌다. 반면 주식형 펀드는 138조 원 규모에서 82조 원으로 크게 감소했다. 이는 노후를 위한 자금이 연금상품으로 유입되고 있음을 보여준다. 주로 국민연금, 개인연금, 퇴직연금 등으로 자금이 축적되고 있으며 주택연금, 월 지급식펀드, 종신보험 등도 연금 형태로 전환되는 중이다.

개인연금 시장에서 보험회사가 차지하는 비중은 매우 크다. 생명보험회사들은 매년 변액연금보험으로 8조 6,000억 원, 퇴직연금으로 11조 8,000억 원 정도를 가입자들로부터 거둬들인다. 개인연금 재원은 주로 이자가 낮지만 국공채처럼 원금과 이자가 보장되는 안정적인 상품에 투자된다. 그런데 2016년 2월 기준금리는 사상 최저치인 1.5%에 불과하다. 이 같은 초저금리는 연금자산 운용자를 크게 고민하게 만든다. 가입 당시 제시한 수익률에 도달하기는 사실상 불가능해졌기 때문이다.

실제로 2015년 12월 기준으로 우리나라 전체 변액연금펀드 1,096개의 1년 평균 수익률은 0.5%, 연초 대비 수익률은 0.1%에 불과했다. 뿐만 아니라 평균 11% 정도 되는 사업비 공제로 인해 적립금의 원금도 까먹는 실정이다. 지금과 같은 초저금리 상황하에서는 아무리 날고 긴다는 전문가들이 붙어도 도리가 없다.

연금상품의 단점은 일단 가입하면 중도 해지가 어렵다는 것이다. 손실이 너무 크기 때문이다. 그러나 만약 초저금리 상태가 앞으로도 계속 이어진다면 나중에 어떤 일이 벌어질까? 막상 연금을 받는 시점이 되었을 때는 겨우 원금 수준에 불과하거나, 쥐꼬리만큼 붙은 이자를 보고 당혹스러울지도 모른다. 어쩌면 원금도 까먹거나 물가상승분에도 못 미치는 수령액을 보며 속았다고 분노할 수도 있다.

처음과 말이 다른 연금액

보험회사의 연금보험은 다른 금융상품과는 달리 수익률에 따른 중도 해지환급액 예시표를 보여준다. 그런데 연금보험 예시표에 적힌 액수는 말 그대로 예시에 불과한 숫자이다. 예상 수치에 불과한 내용을 마치 현실인 것처럼 보여줌으로써 소비자들만 속고 있는 셈이다.

그렇다면 어떤 부분이 사실이 아닌 걸까? 보험회사의 연금보험은 확정이율형, 공시이율형, 투자형으로 구분할 수 있다. 확정이율형 상품은 고정금리가 적용되는 것으로 이해하면 쉽다. 즉, 가입 당시 제시한 금리를 시중 금리 변화와 상관없이 동일하게 계속 적용하는 방식이다.

1980년대 생명보험회사들이 판매한 연금보험상품의 예정이율은 12%였다. 예정이율이란 보험회사가 가입자에게 보험료를 받을 때 적용하는 이자율을 말한다. 당시 은행의 1년 만기 정기예금 금리는 20%대였다. 은행 금리와 보험상품 예정이율 간의 차이가 크게 벌어지자 생명보험회사들은 '확정배당금'이라는 것을 만들었다. 예정이율과 은행의 1년 만기 정기예금 금리 간의 차이를 확정배당금이란 명목으로 지급하겠다는 것이었다. 그러고는 매년 기본연금액 100만 원의 10배가 넘는 1,000만~2,000만 원을 지급하겠다는 식으로 확정배당금액을 예시해서 판매했다.

그런데 막상 가입자들이 개시된 연금을 받아 보니 확정배당금이 없는 상황이 나타났다. 보험회사에 따르면 시중 금리가 떨어져서 확정배당금이 발생하지 않았다는 것이다. 이것이 바로 1980년대 초 판매되어 수십 만 가입자들의 노후준비를 물거품으로 만들어버린 '백수(白壽) 연금보험' 사례이다. 당시 소비자들은 단체로 소송을 제기했지만 보험회사는 "상기 예시금액은 변동될 수 있습니다"라는 깨알 같은 문구를 넣었다는 이유로 아무런 책임도 지지 않았다.

1995년에 판매한 확정이율형 개인연금저축상품도 마찬가지였다. 예정이율이 7.5%였지만 이것만으로는 다른 금융상품과 경쟁이 어렵다고 느낀 보험회사들은 이익배당금을 제시했다. 2~3배에 해당하는 연금을 추가로 받을 수 있는 것처럼 증액연금, 가산연금 등을 예시해서 판매한 것이다. 하지만 이것 역시 연금을 받고 보니 증액연금이나 가산연금은 거의 다 사라진 채 달랑 기본연금액만 지급하는 상품이었다.

공시이율이 그대로라는 가정부터 틀렸다

공시이율이란 보험회사 자체 기준으로 만든 금리로 매달 변동되는 금리이다. 보험개발원에서 공시기준이율을 발표하면 각 보험회사에서 이보다 낮추거나 높여 개별 상품에 적용하게 된다. 이때 보험회사에서는 판매 당시의 공시이율이 평생 지속된다는 가정하에 연금액을 산출한다. 예를 들어 판매 당시 상품의 공시이율이 6.5%였다면 향후 이 수치가 지속될 것으로 보고 30~40년 뒤 연금액을 계산해 소비자에게 제시한다.

하지만 금리는 늘 변동한다. 그런데도 금리가 수십 년간 동일하다고 가정하는 것 자체가 비합리적이다. 그럼에도 소비자 입장에서는 가입 당시 받은 설계서를 그대로 믿어버리는 경우가 다반사이다. 공시이율의 개념을 정확하게 이해하지 못한 탓이다.

변액연금은 대표적인 투자형 상품이다. 소비자가 보험료를 내면 그 돈에서 사업비를 뺀 나머지, 그러니까 평균적으로 납입한 보험료의 89% 정도를 펀드에 투자한다. 이 펀드는 주식, 채권, 정기예금, MMF, RP, CP 등 다양한 금융상품에 투자해 적립금을 불려나간다. 가입을 권유할 때는 가상수익률을 적용해 중도 해지 시의 예상환급금과 미래의 연금액을 보여준다. 예상수익률은 보통 0%,

3.25%, 6.5% 등 3가지이다. 이때 최저치는 0%이고 마이너스 수익률은 가정하지 않는다.

매일 수익률이 달라지는데도 이 수익률이 평생 그대로 간다고 가정하는 데는 분명 무리가 있다. 펀드 투자는 이익만 나는 것이 아니다. 손실에 대한 위험도 있기 때문에 미래수익률을 예단할 수 없고 해서도 안 된다. '자본시장과 금융투자업에 관한 법률'에 따라 증권사에서 판매하는 일반 펀드들은 수익률을 예시하지 못하도록 한 근거가 바로 이것이다. 그런데도 오로지 변액연금보험만 예외로 두고 있으니 문제이다. 이처럼 가상의 펀드 투자수익률이 평생 지속된다는 가정을 바탕으로 수익률을 보여주는 것은 금융 소비자에 대한 명백한 기만이다.

장기투자 연금상품 속에 숨은 함정

개인연금상품은 원금을 보장해주는 보장형과 그렇지 않은 비보장형이 있다. 보험회사의 연금상품과 은행의 연금저축신탁은 현재까지 원금보장형으로만 출시되고 있다. 보험회사들은 변액연금보험을 판매할 때 투자 손실로 원금을 까먹는 일이 생기더라도 원금을

연금상품의 원금 보장형과 비보장형 분류

구분	연금보험, 연금저축보험	변액연금보험, 연금저축신탁	연금저축펀드	퇴직연금 (DC, IRP)
수익구조	확정이율 공시이율	실적배당	실적배당	실적배당
원금보장	보장		비보장	

채워준다고 말한다. 하지만 여기서 말하는 원금 보장은 아무 때나 돈을 찾아도 납입원금을 돌려준다는 의미가 아니다. 연금개시 시점에 납입원금에 못 미칠 경우 이를 채워준다는 의미이다. 중도 해지할 경우에는 원금 보장과 상관없이 납입원금을 찾지 못할 수도 있다.

점차 투자형 연금상품인 연금저축펀드나 변액연금을 선택하는 가입자가 늘고 있다. 투자상품이라는 특성으로 인해 단기적으로는 손해를 볼 수도 있지만, 금융회사에서는 장기적으로 투자하면 고수익을 얻게 된다는 식으로 설명한다.

모 증권사의 고객유치용 자료를 보면 '하나USB인베스트연금증권투자신탁 1호'라는 상품에 대한 설명이 있다. 2003~2014년 동안 주식형 178.4%, 혼합형 118.3%, 채권형은 44.3%의 누적수익률을 보였다는 내용이다. 이에 따르면 주식형은 매년 15%가 넘는 수익을 얻은 셈이다. 같은 기간 누적 물가상승률은 33.8%이므로 이 정도면 매우 뛰어난 수익률이다.

이런 자료를 들이대면 누구든 위험을 감수하고 주식형을 선택하게 된다. 왜? 장기적으로 보고 길게 투자하면 된다고 생각하기 때문이다. 하지만 그 안에는 불편한 진실이 감추어져 있다. 2003년부터 2014년은 코스피 종합주가지수가 500포인트에서 2,000포인트까지 거의 4배나 치솟았던 시기이다. 누적수익률이 높은 것은 당연하다.

주가가 3,000포인트나 5,000포인트로 올라갈 수도 있지만 반대로 1,000포인트로 하락할 수도 있다. 펀드의 누적수익률은 예금이자와 같이 차곡차곡 쌓여 있는 것이 아니다. 주가가 하락하면 누적수익률은 순식간에 다 날아갈 수 있다. 더구나 원금 비보장형인 경우 연금개시 시점에 원금마저 사라질 수도 있다. 그러니 막연하게 과거의 수익률을 근거로 장밋빛 미래를 꿈꾸며 장기투자를 믿어서는 안 된다. 미래의 상황은 그때 가봐야만 알 수 있는 것이다.

내가 기대했던 배당금은
이게 아니야!

보험은 기원전 1750년 고대 바빌로니아 상인들에게서 유래되었다. 당시 바빌로니아 상인들은 해상무역의 위험을 줄이려고 배를 담보로 자금을 빌리곤 했다. 항해 도중 배가 침몰하거나 해적에게 약탈당하면 돈을 갚지 않아도 괜찮았고, 무사히 항해를 마치면 빌린 원금과 함께 이익을 나누었다. 이러한 관습이 오늘날 보험의 유배당 보험상품으로 발전한 것이다.

배당은 유배당상품에서 별도의 이익이 발생하면 이익을 되돌려주는 것을 의미한다. 요즘 우리가 접하는 대부분의 연금보험 이름에는 '(무)' 또는 '무배당'이란 문구가 있다. 배당을 주지 않는다는 뜻이다. 예전에는 모든 상품이 유배당상품이라 이익이 발생하면 가입자에게 90%를 나누어 주었다. 요즘은 유배당상품은 거의 없고 무배당상품만 판매해 이익이 발생하면 100% 주주가 가져간다. 그렇지만 일부 연금보험에 남아 있어 유배당이 좋다는 말로 소비자들에게 혼란을 주는 경우가 있다.

1990년도에 D생명 참사랑연금보험(7.5% 확정이율형 상품)에 가입한 K씨는 21년간 매월 보험료를 납입했다. 60세가 되던 해, 그는 판매 당시 안내받은 연간 연금액 736만 원을 받기 위해 보험회사를 방문했다. 하지만 K씨가 받은 연금액은 가입 당시 예시금액의 22%인 162만 원에 불과했다. 가입할 때는 기본연금 144만 원에 증액연금(연금개시 전의 배당금을 기본연금에 더하는 것)으로 44만 원을 더한 188만 원을 예시했지만, 실제로 받은 증액연금은 겨우 18만 원이었던 것이다. 게다가 연금개시 후의 배당금을 기본연금에 더해주는 가산연금의 예시금액이 404만 원이었지만 실제로는 한 푼도 받지 못했다.

연금보험에서 배당금이 사라진 주된 이유는 금리 때문이다. 1990년대는 금리가 10%를 넘나들던 때였다. 보험회사들은 당시 높은 금리를 적용해 산출한 연금예시액을 보여주면서 상품을 판매했다. 당시 가입자들은 금리가 더 올라 이익이 증가하면 배당을 더 받을 수 있다는 말도 들었다. 하지만 2000년대 들어 저금리 시대가 시작되자 보험회사는 약속한 내용을 지키지 않았다. 금리 하락으로 배당이 거의 발생하지 않으면서 가입자들이 손에 쥔 연금액은 계약 당시 예시액의 20% 수준으로 주저앉았다.

당시 연금보험 가입자들은 2,000만 명을 넘어선 상태였다. 중도해지하지 않고 계약을 유지한 이들의 상당수가 민원을 제기했다. 일부에서는 소송으로도 이어졌지만 모두 가입자들이 패소하고 말았다. 해당 약관에 깨알만 한 글씨로 "상기 금액은 변동될 수 있습니다"라는 내용이 있었기 때문이었다. 결국 이 사건은 1,000만 명 정도로 추산되는 피해자만 낳고 보험회사의 대형 사기극으로 막을 내렸다.

1990년대 초반 4년제 대졸자 기준으로 대기업 신입사원의 월급은 40만 원 정도였다. 25년 정도 지난 지금은 물가가 상승해 300만 원 전후이다. 이처럼 물가가 상승하면 돈의 가치는 하락한다. 앞서 예를 들었던 K씨의 민원 내용을 다시 살펴보자. 당시 보험회사에서 주겠다고 약속했던 736만 원은 현재의 736만 원과 다르다. 대략 4,000만~5,000만 원 수준이 되어야 계약 시점에서의 화폐가치와 같아진다. 돈의 가치가 형편없이 낮아졌기 때문에 가입자는 이자 수익은 고사하고 오히려 손해를 본 것이다.

현재 물가상승분을 반영하는 것은 국민연금 등 공적연금뿐이다. 개인연금 중 물가상승분을 반영해주는 상품은 없다. 다시 말해 물가상승률 수준의 수익률이 되면 겨우 본전이고, 진정한 의미에서의 수익을 얻으려면 물가상승분을 초과하는 수익률을 얻어야만 한다. 그래야 장기간 저축하고 투자하는 개인연금이 가치를 발휘할 수 있는 것이다.

2006년부터 2015년까지의 10년간 누적 물가상승률은 24.5%, 연평균으로는 2.45%이다. 1년 만기 정기예금의 10년 누적수익률

연도별 물가상승률 및 시중 금리

년도	물가상승률	기준금리	1년 만기 정기예금이율
2015	0.7	1.75	1.58
2014	1.3	2.25	2.43
2013	1.3	2.50	2.73
2012	2.2	3.00	3.43
2011	4.0	2.75	3.69
2010	3.0	2.25	3.19
2009	2.8	2.50	3.26
2008	4.7	5.00	5.71
2007	2.5	4.75	5.07
2006	2.2	4.00	4.41

* 단위 : %

* 기준금리는 연초 기준, 1년 만기 정기예금 이율은 주요 은행 평균이율

은 35.5%, 연평균으로는 3.55%가 된다. 즉 물가상승률을 감안하면 실질적으로는 연평균 1% 정도 수익을 얻은 것에 불과하다.

개인연금상품을 이해하기 어렵게 느끼는 이유 중 하나는 일단 판매처부터 복잡하다는 데 있다. 보험, 은행, 증권 등으로 분리되어 있어서 어떤 것은 보험상품이고 어떤 것은 펀드상품이기 때문이다. 은행에서 펀드인 줄 알고 가입했는데 알고 보면 보험인 경우도 많다. 심지어는 보험상품을 단기투자 펀드로 오인하고 가입했다가 손해를 봤다는 민원도 많다.

금융 소비자 입장에서는 도대체 각각의 상품별로 뭐가 다른지, 어떤 구조로 수익이 발생하며 예상수익률은 현실성이 있는 것인지, 시기적으로 적합한 곳에 투자되고 있는지 등에 대해서도 제대로 이해하기가 어렵다. 그런데도 금융회사들은 언제든 변할 수 있는 엉터리 예시액을 제시하면서 상품 판매에만 혈안이 되어 있다. 이 같은 혼란스러운 상황일수록 그야말로 소비자 개인이 정신을 똑바로 차리고 꼼꼼하게 따져봐야 한다.

02

우리가 그동안 본 것은 기사일까, 광고일까

금융회사는 상품을 판매하기 위해 자사 홈페이지는 물론 언론, 인터넷 카페, 동호회, 블로그 등 가능한 모든 수단과 방법을 총동원한다. 자본주의 사회에서 기업의 본질은 영리 추구이므로 이를 무조건 비난할 수는 없다. 문제는 언론에 대한 사람들의 무조건적인 믿음이다.

대부분의 사람들은 언론이 올바른 사실만 제공하며 잘못된 것에 대한 비판과 선도 기능을 지녔다고 굳게 믿는다. 금융회사는 이런 신뢰를 이용해 어디까지가 정보이고 어디까지가 광고인지 구분하기 어려운 정보들을 수시로 내보낸다. 여기에 인터넷 포털까지 가세해 연금상품과 관련된 잘못된 정보가 그 어느 때보다 넘쳐나고 있다.

기사와 광고 사이에서
길을 잃은 사람들

연금 관련 기사는 넘쳐나지만 소비자들 대다수는 여전히 연금상품에 대해서 잘 모른다. 엄청나게 많은 상품들 속에서 각각의 상품들이 지닌 장단점이 무엇인지, 어떤 기준으로 선택해야 하는지 혼란스럽기만 하다. 이처럼 정보는 넘쳐 나고 있지만 그것이 필요한 이들은 정작 알아야 할 것을 놓치는 역설적인 상황은 무엇 때문에 나타나는 것일까?

연금 관련 기사를 유심히 보는 사람이라면 내용의 차별성이 없는 비슷한 내용이 주기적으로 반복되고 있음을 알 것이다. 어쩌다 한 번 수익률이 저조하다는 비판이 나올 뿐, 대부분은 하루라도 빨리 가입하는 것이 좋다는 전문가의 조언이 끼워진 경우가 대다수이다. 단독기사 형태로 나오는 것도 있고, 경제 섹션이나 금융 특집 등을 통해 '100세 시대'라는 타이틀로 나오는 것도 있다.

이렇게 실린 상품 정보는 단점은 감추고 홍보하고 싶은 내용 위주로 이루어져 있어 아무리 주의해서 본들 도움이 되지 않는다. 이런 것들을 광고(advertisement)와 편집기사(editorial)가 합쳐졌다는 의미에서 '애드버토리얼(advertorial)'이라고도 한다. 이것은 기사 형식을 차용한 기사성 광고와는 다르다. 기사성 광고는 '광고', '기획광고', '전면광고', '광고특집'처럼 깨알 같은 글씨로라도 광고임을 밝히지만 애드버토리얼은 기자 이름까지 나와 있는 온전한 기사이다. 그러다 보니 읽는 이로 하여금 검증된 내용이란 믿음을 갖게 만드는 힘이 있다.

게다가 조금만 유심히 살펴보면 이런 기사와 가까운 위치에 연금상품 광고가 배치된 것을 찾아볼 수 있다. 이는 기사 자체가 광고 유치를 위한 기사였다는 말이다. 이처럼 기사의 탈을 쓴 광고임을 알지 못한 채 소비자들이 사실과 다른 장점에만 반복적으로 노출되는 상황이 벌어지고 있다.

온라인 기사, 일단 광고로 간주하고 보자

언론사 홈페이지와 인터넷 포털을 통해 기사를 보는 사람들이 많다. 국내에 등록된 인터넷 언론사는 6,000여곳이나 된다. 이중 대부분은 등록만 되어 있을 뿐, 제대로 된 취재 기사를 내보낼 수 있는 매체는 소수이다. 대부분 타사 기사를 그대로 베끼거나 약간만 고친 뒤 배포하는 수준이다. 실제로 몇 군데 매체의 기사를 읽어보면 거의 같은 내용에 제목만 바꿔 반복적으로 올린 것임을 알 수 있다.

이렇게 동일한 내용을 반복적으로 쏟아내는 것을 '어뷰징(abusing)'이라고 한다. 어떤 매체에서 A라는 가수가 B라는 배우와 열애 중이라는 오보를 냈다고 쳐보자. 여러 매체를 통한 어뷰징이 정신없이 쏟아진다. 사실이 아닌데도 점차 사실인 것처럼 확대 재생산되어 오랫동안 오해를 일으키는 경우도 있다.

연금 관련 기사가 어뷰징 형태로 나타나면 불명확한 내용이 반복되는 것도 문제이지만, 그 가운데 노골적인 광고가 넘쳐나는 것이 가장 심각한 문제이다. '연금'이란 단어로 검색해보자. 기사 말미에 보험 비교 사이트가 링크되어 있는 것들이 상당수이다. 무료 상담 전화번호를 노출하는 경우도 있다.

인터넷 포털에서 어뷰징이 넘치는 이유는 포털이 광고 수익과 연결되어 있기 때문이다. 대중이 포털에 머무르는 시간과 페이지 뷰가 많아질수록 광고를 통한 포털의 이익도 늘어난다. 따라서 포털 입장에서는 체류 시간과 페이지뷰를 늘리기 위해 최대한 많은 업체와 제휴해서 기사 형식의 광고이든 잘못된 내용이든 게재하는 것이다. 금융 소비자들에게 잘못된 인식이나 편견이 형성될 수 있음은 이들에게 고려의 대상이 아니다.

친절한 조언? 바이럴 마케팅!

인터넷 세상에는 연금 정보가 넘쳐난다. 보험회사, 대리점, 컨설턴트들이 장악한 파워링크와 보험설계사나 대리점주들이 만들어놓은 카페, 블로그, 사이트, 동영상 등 거의 모든 곳에서 연금에 대한 정보를 찾을 수 있다.

파워링크 사이트는 그나마 낫다. 영업이 목적인 광고라는 것을 알고 보기 때문에 상대적으로 부작용이 크지 않다. 진짜 문제는 광고인 줄 모르고 접하는 내용들이다. 사람들은 대개 블로그나 카페 게시글에 대해서는 경계심이 높지 않다. 연금상품의 장단점은 물론 다른 금융상품까지도 알아보기 쉬운 형태로 비교해주니 오히려

고마움을 느낀다. 광고는 바로 이 점을 파고든다. 블로그 등을 이용한 마케팅 기법 중 하나가 '바이럴(viral) 광고'이다.

바이럴은 컴퓨터 바이러스(virus)와 입(oral)의 합성어로 입소문 형식의 광고를 가리킨다. "좋은 상품을 선택하는 꿀팁"이라는 식으로 내용을 전개한 뒤 슬며시 특정 상품을 추천하는데, 연금보험 비교설계 사이트나 보험 대리점 사이트를 연동하기도 한다. 자칫 모르고 보면 순수하게 도움을 주기 위한 것으로 착각하기 쉽다.

그러나 이런 것들의 상당수는 돈을 받고 게시하는 광고이다. 블로거가 돈이나 협찬을 받고 글을 쓰는 건 위법이 아니지만 경제적 대가를 받은 사실은 공개해야 한다. 하지만 공개하면 효과가 확 떨어지는 탓에 대부분 감추는 것이다.

광고를 많이 접하면 점차 거부감이 사라지고 친숙하게 느끼기 쉽다. 반복적인 광고에 노출되면 사람들은 그게 자신에게 정말로 필요하다고 믿어버린다. 금융회사들은 소비자의 돈을 빼내 만든 막대한 광고가 아닌 듯 위장하지 말고, 이제라도 광고는 광고라고 당당하게 밝혀야 한다. 그것이 장기적으로 금융회사와 소비자가 함께 이득을 얻는 지름길이다.

연금상품과 관련한 정보는 케이블 방송 등에서도 자주 다뤄진다. 정보 제공이란 순수한 의도를 지닌 프로그램조차도 종종 균형감을 잃을 때가 있다. 특히 어떤 사람이 전문가로 출연하느냐에 따라 제공되는 정보의 질이 달라진다. 어느 TV 프로그램에 출연한 전문가가 자녀 계획 중인 외벌이 부부에게 재무 상담을 해주던 중 이런 말을 했다.

"재무 상담을 진행함에 있어서 가장 기본으로 초석을 다지는 것이 보험입니다. 실손 의료비, 3대 진단금, 일반 질병 및 상해 보장, 가장의 사망 보장, 이렇게 4가지만 기본적으로 준비하시면 됩니다.

전체 소득액의 10% 이내에서 보장성 보험을 준비해야 해요. 또한 중장기로는 종신형연금보험, 자녀의 교육자금 마련을 위한 저축성 보험으로 접근하는 것이 좋습니다."

– S방송 2015년 9월 방송분 일부 요약

대부분의 사람들은 식비, 교통비, 통신료, 국민연금, 공과금, 자녀교육비 등을 내고 나면 여유자금이 많지 않다. 그런데도 소득액의 상당 부분을 보험료로 쓴다고 해보자. 내 집을 마련한다거나, 전·월세 보증금을 올려줘야 한다거나, 창업을 해야 한다거나, 예기치 못하게 가족이 아파서 목돈이 필요해지면 어떻게 해야 할까? 만기를 채우지 못한 채 중도 해지를 선택할 수밖에 없고 그러면 손실을 감수해야 한다. 따라서 모든 것을 보험으로 해결하라는 식의 주장은 크게 잘못된 것이다.

소비자들은 방송에서 나온 내용이 틀림없는 사실이라고 믿는 경향이 있다. 그렇지만 방송이 언제나 사실 검증자로서의 기능을 발휘하는 것은 아니다. 모든 출연자가 순수한 의도를 지닌 것도 아니며 개중에는 무늬만 전문가도 섞여 있다. 그러므로 방송에 나온 내용이라고 무작정 믿다가는 나중에 낭패를 볼 수 있다. 또한 여러 언론 매체에서 자주 다루어진다고 해서 반드시 내용의 질이 믿

을 만하거나 정확한 것도 아니다. 방송에 나오는 정보의 이러한 속
성을 간파하고 필요한 부분만 걸러서 취하려면 스스로 금융지식에
눈뜨는 것 외에 다른 대안은 없다.

공포 마케팅이 '노탐대실(老貪大失)'을 부른다

연금은 오랜 기다림이 필요한 상품이다. 긴 시간 동안 운용해야 하는 만큼 납입 비용을 감당할 수 있는 한도에서 결정하는 것이 중요하다. 중도 해지하는 이들의 상당수는 납입액이 부담되어 해지를 할 수밖에 없었다고 말한다.

그렇다면 사람들은 어째서 이런 부분을 생각하지 못한 채 무리하게 계약을 해놓고 중도 해지하는 것일까? 그 원인을 이른바 '공포 마케팅'에서 찾을 수 있다. 최근 기사에 언급된 은퇴 후 노후 생활비 규모를 보면 다음과 같다.

"가구당 최소 생활비는 월 211만 원, 풍족한 노후 생활은 319만 원 이상이 필요하다.”

– 삼성생명 은퇴연구소

“60대 이상인 2인 가구가 중산층 수준을 유지하려면 월 258만 원이 있어야 한다.”

– 미래에셋 은퇴연구소

“부자가 만족스러운 노후 생활을 하려면 월 750만 원, 최소 생활비는 월 453만 원이다.”

– KEB하나은행, 하나금융경영연구소

삼성생명 은퇴연구소의 계산을 바탕으로 60세에 은퇴하고 평균수명이 늘어나 85세까지 살 것으로 가정해보자. 월 211만 원씩 사용하면 6억 3,300만 원, 월 258만 원씩 사용하면 7억 7,400만 원이 필요하다. 100세까지 살면 각각 10억 1,289만 원, 12억 3,840만 원으로 금액이 늘어난다.

우리나라 근로소득자 1,618만 7,647명의 평균 소득은 3,172만 4,658원이다. 이는 2014년도 연말정산 자료에서 비롯된 것으로 월평균 264만 원을 조금 넘는 급여를 받는 셈이다. 이 돈으로 노후자금을 모으려면 얼마의 기간이 소요될까?

  6억 3,300만 원 ÷ 3,172만 4,658원 = 19.95년

  7억 7,400만 원 ÷ 3,172만 4,658원 = 24.39년

맞벌이 가구는 그나마 사정이 낫겠지만 외벌이로는 사실상 불가능에 가까운 금액이다. 여기에 100세까지 사는 것으로 가정하면 31년 10개월과 39년으로, 노후자금을 모으는 시간은 더 길어진다.

사람들이 가장 두려워하는 것은 돈이 바닥난 상태로 세상에 남는 것이다. 물론 두려움의 일등공신은 금융회사의 마케팅이 만들어내는 공포감이다. 공포감은 사람들이 비합리적으로 판단하도록 유도한다. 금융회사는 자회사인 연구소 명의로 노후자금 마련에 대한 공포심을 한껏 불러일으켜 놓고, 다른 한편에서는 열심히 상품을 홍보하고 있는 것이다. 이 과정에서 언론사들은 광고 수익을 얻고자 이런 공포 마케팅을 돕고 있다. 소비자 입장에서는 노후 대비하려다가 손해만 보게 되는 '노탐대실'인 셈이다.

지나친 두려움은 독(毒)이다

2014년 통계청 자료를 보면 60대 이후에 얼마만큼의 생활비가 드는지 가늠할 수 있다. 연령대별 평균 생활비는 30대가 268만 원, 40대가 331만 원, 50대가 319만 원이다. 60대 이후에는 본격적으로 1~2인 가구로 변화하면서 196만 원이 필요해진다. 이후 모임이나 여행 등이 점차 줄어들면서 교통비와 통신비도 감소해 70대는 110만 원, 80대는 59만 원, 90대는 36만 원이 필요한 것으로 나타났다.

그럼 사람들은 어느 정도의 연금을 받고 있을까? 국민연금은 평균 월 31만 원, 퇴직연금은 월 36만 원, 개인연금은 월 27만 원이라는 통계가 있다. 이 세 가지 연금의 평균액을 더하면 월 94만 원이다. 물론 모두가 세 가지 연금을 갖추고 있는 것은 아니지만 이제부터라도 준비해가면 지나치게 두려워할 필요는 없을 것이다.

또한 앞서 말한 노후 생활비는 어디까지나 예상치인 만큼 실제 노후 생활비는 개인마다 다를 것이다. 노후를 준비하는 방법은 여러 가지가 있으며 연금상품은 그중 하나일 뿐이다. 여기에 국민연금이나 기초연금 외에도 상업용 부동산에 투자해 꼬박꼬박 월세를 받을 수도 있고, 내 집이 있으면 주택연금을 이용해도 된다. 본인이 만든 창작물이 있다면 저작권 수익이 발생할 수도 있다.

다시 한 번 말하지만 개인연금은 노후 대비책 중의 하나이다. 소득이 줄어드는 시점을 대비하는 것은 분명 필요하지만, 이로 인해 현재의 재정 상태에 무리가 가지 않는지, 공포마케팅에 속아 조급하게 결정하는 것은 아닌지 꼼꼼하게 따져봐야 한다.

03

빛 좋은 개살구, 재무설계의 역설

대부분의 소비자들은 전문가가 아니기 때문에 타인의 도움이나 조언을 필요로 할 때가 많다. 그래서 무료 재무설계를 해준다는 말을 들으면 귀가 솔깃해진다. 특히 수입과 지출 관리를 허술하게 하고 있다고 느끼는 사람일수록 이러한 제안은 더욱 매력적이다. 관련된 서비스를 공짜로 받아 체계적인 자산관리에 도움이 된다면 이보다 더 좋을 수는 없을 것이다.

요즘은 보험회사를 선두로 은행과 증권회사는 물론 심지어 일부 캐피탈 회사에서까지도 무료 재무설계나 상담을 해준다. 하지만 세상에 공짜는 없다. 시간과 경비를 들여가면서 타인에게 자신의 지식을 아무 대가 없이 아낌없이 제공한다면, 여기에 과연 순수한 의도만 있는 걸까?

'무료'라는 이름의
'미끼'를 물지 마라

국내에서 무료 재무설계 서비스가 등장한 것은 종신보험 덕분이다. 가장이 갑자기 사망했을 때 남은 가족의 생활자금을 알기 위해서는 정교한 생애자금 계산이 필요하다. 이에 보험회사들은 종신보험 가입을 유도하기 위해 서비스 차원에서 소비자들에게 무료 재무설계를 해주기 시작했다.

재무상담 또는 자산설계 서비스를 제공할 수 있는 전문가로는 국제공인자격증인 CFP(Certified Financial Planner)와 이를 취득하기 위한 1차 관문인 AFPK(Associate Financial Planner Korea) 자격을 갖춘 개인종합재무설계사가 있다. 이외에도 재무상담사나 재정컨설턴트 등도 있다. 은행의 PB 역시 자산관리와 관련된 상담을 한다.

넘쳐나는 짝퉁 재무설계

그러나 자격증이 있거나 호칭을 부여받았다고 해서 모두가 제대로 된 상담을 해줄 수 있는 것은 아니다. 재무설계의 목적은 개인의 현금 흐름을 최적의 상태로 만들어 문제를 없애거나 최소화하는 데 있다. 이를 위해서는 금융지식은 물론 부동산과 세무 분야의 지식까지 두루 요구된다. 소득과 환경, 재무적인 지향점 등이 모두 다른 가운데 개인의 요구를 수용하려면 해당 분야의 전문가들이 협업해야 한다. 단지 금융상품 몇 개를 다른 상품으로 변경하거나 없던 상품을 끼워 넣는 것만으로 이루어지는 것이 아니다. 1회로 끝나는 것이 아니라 평생에 걸쳐 지속적인 관리를 받는 것 또한 필요하다.

무료 재무설계의 선두 주자인 보험회사를 예로 들어보자. 신입 설계사의 경우, 한 달 혹은 그보다 더 짧은 기간 동안 교육받은 후 바로 고객 상담에 투입된다. 그런데 경험이 짧은 신입 설계사이다 보니 상담의 진행과 결과가 단조로울 수밖에 없다.

무엇보다 자신들의 회사에 자산을 유치하도록 고객을 유도하는 것이 그들의 주된 목적이다. 그러니 상담 내용이 상품 판매 위주로 흘러가는 것은 너무나도 당연하다. 고객의 실제 상황과 자산 포트폴리오가 어떻든 간에, 결국은 자신이 몸담은 회사의 상품 판매로 이어지는 '짝퉁 재무설계'가 만연하는 것이다.

설계사들이 받는 판매자용 가이드에는 상품을 판매할 때 제시할 각종 통계자료, 고객이 질문할 때 설명하는 요령 등이 적혀 있다. 이 내용을 보면 상품의 단점이란 하나도 없다. 오로지 필요한 통계자료들과 장점 위주로만 소개되어 있으며, 전문지식이 없더라도 그대로 따라해 판매에 성공하면 판매보수를 받을 뿐이다.

물론 모든 무료 재무설계를 설계사가 판매 수수료를 얻기 위한 것이라고 몰아갈 수는 없지만, 대가 없는 서비스는 존재하기 어렵다. 판매인은 이미 소비자를 대할 때의 화법과 매너 등에 대해 배운 다음 투입되는 사람들이다. 일부는 어떻게든 상품 판매를 하기 위해 자신의 조언만 따르면 재무 상황이 천지개벽하듯 나아진다는 식으로 호도하기도 한다. 만약 상품 가입을 유도한다면 "당신 회사의 상품 말고 다른 회사의 좋은 상품도 추천해줄 수 있느냐"라고 물어보고 어떤 답변을 내놓는지 살펴보는 것도 방법이다.

소속이 자주 바뀌는
설계사를 주의하자

보험대리점 사이에서는 실적 좋은 보험설계사를 영입하려는 경쟁이 뜨겁다. 그런데 담당 설계사가 다른 곳으로 영입되어 다른 곳으로 떠나는 것은 기존 계약자의 손해로 이어지기 쉽다. 일단 실적을 올리기 위해 이전 회사에서 관리하던 가입자로 하여금 계약을 해지하게 한 뒤 다른 회사 상품에 가입하게 하는 경우가 비일비재하다. 더 좋은 상품이 나왔다거나 기존 상품의 설계가 잘못되었으니 다시 설계하자는 식이다. 이런 것을 '승환계약'이라 하는데, 보험업법에서는 금지하고 있지만 실제로는 흔하다.

승환계약을 맺으면 가입자는 손해를 본다. 일단 연금보험 자체가 저축성 상품이라 갈아타봐야 특별히 좋은 점이 없다. 오히려 중도 해지로 인한 피해는 물론, 그 사이 수명연장 추세를 반영하여 만든 자료인 경험생명표 적용 기준이 변했다면 손해가 추가될 수 있다. 또한 연금보험의 사업비는 순차적으로 점점 줄어드는 구조인데 새로운 상품으로 갈아타면 다시 처음부터 높은 사업비를 내야 한다. 한마디로 설계사의 실적과 소득을 올려주고자 가입자는 손해를 보게 되는 것이 바로 승환계약이다.

그런데 가입자가 승환계약에 응하지 않더라도 여전히 문제는 발생한다. 담당 설계사가 떠나버리면 '고아 계약'이 되어 관리를 거의 받지 못하기 때문이다. 대부분의 보험회사에서는 퇴사한 보험 설계사의 고객을 이어받는 설계사에게 별도의 관리 수당을 지급하지 않는다. 그러다 보니 떠나간 설계사에 의해 가입한 사람은 졸지에 미운 오리새끼로 전락하기 쉽다. 실제로 설계사가 중도에 퇴사하면 가입자 10명 중 3명은 보험 가입 2년 내에 중도 해지로 손해를 입는다는 통계가 있다.

이것만은 꼭 알고 가자!

+ 무료 재무설계, 알고 보면 마케팅 수단이다.
+ 설계사가 올바른 선택을 도와준다고 순진하게 믿지 마라.
+ '보험 갈아타기'는 설계사를 위한 것일 뿐 계약자는 십중팔구 손해를 본다.

04

연금, 일찍 시작하면 무조건 유리하다?

금융회사들은 한 살이라도 젊을 때 개인연금상품에 가입하라고 말한다. 목표금액이 같다면 납입기간과 거치기간을 최대한 길게 하는 것이 단기간에 자금을 마련하는 것보다 낫다고 설명한다. 1,000만 원을 모으기 위해 1년에 500만 원씩 2년 동안 마련하는 것보다 5년으로 기간을 늘려 연간 200만 원씩 부담하면 된다는 것이다. 여기에 기간이 길어지면 그 기간 동안 이자에 이자가 붙는 복리 효과가 커서 더 유리하다는 논리도 덧붙인다.

하지만 정말 그럴지는 냉철하게 판단해야 한다. 연금자산에 영향을 미치는 변수들은 다양하므로 이를 고려하지 않은 채 무조건 장기간 투자한다고 유리한 것은 결코 아니다. 지금부터 그 허구성을 파헤쳐보자.

연금 수익률을 갉아먹는 복병, 물가상승률

이자를 계산할 때는 '단리'와 '복리'라는 두 가지 방법을 적용한다. 단리가 원금에만 이자가 붙는 방식이라면, 복리는 원금은 물론 이자에도 이자가 붙는 방식이다. [(원금+이자)+이자]라는 공식이 계속 반복되는 것이다. 흔히 복리를 가리켜 단리와는 비교할 수 없이 유리하다고들 말한다. 물론 동일한 조건이라면 당연히 복리를 적용할 때 금액이 더 크게 불어나며, 금리가 높고 기간이 길어질수록 그 효과가 확실하다. 그런데 역으로 생각해보면 금리가 낮고 기간이 짧다면 복리의 마술은 그다지 크게 나타나지 않는다는 말도 성립한다.

1,000원짜리 과자 가격을 10% 올렸다면 1,100원이 된다. 얼

마 뒤 다시 10%를 올리면 가격은 얼마가 될까? [1,100+(1,100×10%)]=1,210원이다. 이처럼 복리 효과는 저축이나 투자뿐만 아니라 물가에서도 마찬가지로 적용된다. 이 점을 무시한 채 단지 빨리 시작해서 오랜 시간 가지고 있으면 복리 효과가 나타나 자산이 많아진다는 것은 절반만 맞는 이야기가 된다. 물가상승률보다 수익률이 더 높게 나와야만 복리 효과의 의미가 생기는 것이다. 따라서 '빨리' 그리고 '길게'가 아닌, '물가상승률보다 높게'라는 조건부터 붙어야 한다.

물가가 상승하면 화폐가치는 떨어진다

민원 사례

Y씨는 1961년 삼성생명의 전신인 동방생명에서 판매하던 연금에 가입했다. 1만 7,600환을 내고 50년을 기다리면 당시의 대기업 연봉 수준인 12만 환을 해마다 받는 조건이었다. 2011년 삼성생명은 연금액으로 1만 2,000원을 지급했다. 1962년의 긴급통화조치법에 의한 화폐개혁으로 10환이 1원으로 바뀌었던 것을 근거로 삼은 것이었다.

1963년 한국 최초의 라면인 삼양라면의 가격이 10원이었다. 현재 라면 가격을 1,000원이라 하면 52년간 100배가량 상승한 것이 된다. 한편 같은 시절 자장면의 가격은 25원 수준이었다. 지역마다 다르지만 현재의 평균 가격이 5,000원이라고 한다면 자장면은 200배 뛰어오른 셈이다.

1961년 당시 대기업 연봉이 12만 환이었다는 것을 근거로 지금 가치로 환산해보면 1만 7,600환은 1억 5,000만 원 정도 된다. 그런데도 보험회사는 50년간 나타났던 물가상승률을 전혀 반영하지 않은 채 오직 명목가격만 적용해 연금을 지급했다. 명목가격이란 물가상승률 등을 반영한 돈의 실질적인 가치가 아닌, 단지 숫자만 따져보는 개념이다. 결과적으로 보험회사의 꼼수와 만행을 보여주는 사례라고밖에 할 수 없다. 동시에 시간이 흐름에 따라 물가가 상승하면 화폐가치는 하락한다는 것을 확실하게 보여주는 사례이다.

피 같은 내 연금, 30년 후에는 반 토막 날 수 있다?

개인연금처럼 장기간 보유하는 상품의 단점은 돈을 납입할 때와 연금을 받는 시점의 돈의 가치가 다르다는 것이다. 이런 문제점을 감안해 미래에 받을 연금액을 실질가치 하락으로부터 지키는 방법은 하나밖에 없다. 바로 물가상승률보다 높은 수익을 얻는 것이다.

2016년 한국은행의 물가안정 목표는 2%이다. 물가가 내리거나 혹은 지금보다 더 오르지 않으면 좋은 게 아니냐고 생각하기 쉽지만, 이는 경기 침체를 의미한다. 오늘 사는 것보다 내일 사면 더 싸게 살 수 있다는 기대감이 생기면 사람들은 지갑을 닫아버린다. 따라서 경기가 활력을 가지려면 현재 시점에서 구매를 자극하는 적당한 물가상승이 필요하다. 이처럼 적당한 범위 내에서 우리 경제에

인플레이션에 따른 1,000원의 가치 변화

물가상승률	1년 후	5년 후	10년 후	20년 후	30년 후
1%	990	951	904	818	740
2%	980	904	817	668	545
3%	970	859	737	544	401
4%	960	815	665	442	294
8%	920	659	434	189	82
10%	900	590	349	122	42
12%	880	528	279	78	22
14%	860	470	221	49	11

* 단위 : 원

가장 도움이 된다고 보고 산출된 기준이 물가안정 목표치이다.

그러나 물가가 반드시 기준 범위 내에서만 움직이는 것이 아니므로 한국은행은 이 수준을 맞추기 위해 다양한 통화정책을 펼친다. 물가상승률이 지나치게 높으면 금리를 올려 물가상승을 억제하고, 물가상승률이 너무 낮으면 금리를 떨어뜨리는 등 다양한 방법을 동원해 가급적 기준치에 맞추려고 한다.

30년 후에 100만 원의 가치는 어떻게 변해 있을까? 물가안정 목표치에 맞춰 해마다 2%씩 오른다고 가정하면 30년 후의 100만 원은 지금의 50만 원과 같아진다. 게다가 물가상승률이 높아질수록 화폐가치의 하락 속도가 빨라진다.

따라서 30년 후 지금의 200만 원과 동일한 가치의 돈을 받고 싶다면 지금 가치로 200만 원을 받을 수 있도록 계약을 설정해야 한다. 물론 해당기간 중 물가상승률이 더 높다면 중간에라도 금액을 재조정해야 한다. 복리 개념은 적어도 물가상승분을 넘어서는 이익을 꾸준하게 내고 있을 때 의미를 지닐 수 있는 것이다.

화폐개혁이 일어나면 복리 효과는 '꽝'

화폐개혁은 단기간에 새 화폐를 발행하여 화폐가치를 조절하는 것이다. 화폐개혁 방식으로는 구권을 신권으로 교환하거나 고액권을 발행하는 방식, 기존 유통 화폐의 액면가치를 법으로 정한 비율에 따라 떨어뜨리는 방식이 있다. 우리나라에서는 1905년, 1950년, 1953년, 1962년 총 4차례에 걸쳐 화폐개혁이 실시되었다.

사실 우리 화폐의 교환비율은 1달러에 대해 1,000원이 넘어 비효율적이다. 2015년 이주열 한국은행 총재가 화폐개혁 의사를 내비쳤다가 바로 거둬들였지만, 당장은 아니어도 언젠가는 화폐개혁을 할 수밖에 없을 것으로 보인다. 물론 사람들이 과거처럼 어수룩하지 않으므로 화폐개혁 앞에서 손놓고 있지는 않을 것이다. 그러나 화폐개혁을 하게 된다면 그 틈을 타 물가상승이 나타날 가능성이 높다. 그렇게 된다면 가장 큰 손해를 보는 분야는 현금 자산이다. 따라서 '만일'이란 단서를 달아볼 때 연금의 가치 하락은 분명히 우려되는 일이다.

복리여서 유리하다는 말, 사실일까

보험회사의 공시이율형 연금상품은 연 복리를 적용한다는 점을 특히 강조한다. 마치 보험상품만 특별히 그런 것처럼 말이다. 하지만 보험회사 외에 다른 금융회사들의 연금상품에도 마찬가지로 복리 개념이 적용된다.

단리와 복리 개념을 나누어서 사용하는 곳은 사실상 은행밖에 없다. 그런데 단리 방식으로 이자가 계산되는 예금도 얼마든지 복리 효과를 얻을 수 있다. 1년짜리 예금일 경우, 만기 시점에 원금과 이자를 계속해서 예치하면 보험회사가 주장하는 연 복리 효과가 나타난다.

연금보험으로 복리 효과 누리려면 10년은 지나야

보험회사에서는 가입자가 납입한 돈에서 사업비를 뺀 나머지 금액을 불려간다. 문제는 보험상품의 초기 사업비가 매우 높다는 데 있다. 그러다 보니 일반 금리보다 높은 공시이율을 적용해도 다른 상품의 수익률을 따라가지 못한다. 매달 보험료를 납입하는 조건이라면 적금과 보험을, 목돈을 일시에 넣어두고 일정기간 거치하는 조건이라면 예금과 보험을 비교하면 수익률 차이를 알 수 있다.

2016년 1월 기준으로 은행적금 금리는 연 1.4~1.9% 정도 된다. 단리 방식으로 연 1.6%를 지급하는 정기적금에 10년간 저축한 돈을 찾는다고 가정하자. 그러면 15.4%의 이자소득세를 차감하고 남은 누적수익률은 납입원금 대비 6.8%가 된다. 적금에 적용되는 금리보다 2배나 높은 3.25%의 공시이율을 연 복리 방식으로 적용해 계산해보면 연금보험은 9~10년 정도가 지나야 누적수익률이 연 1.6%인 적금과 같아진다.

15%의 단리를 적용한 예금과 연금보험을 비교해봐도 마찬가지이다. 15년 정도가 지나야 예금과 연금보험의 누적수익률이 19% 정도로 비슷해진다. 예금 역시 세후 수익률 기준이다. 제시된 조건이 동일하게 이어진다는 가정하에, 각각 제시된 기간이 지나야만

이후부터 연금보험 수익률이 예금이나 적금보다 높아지게 된다.

문제는 연금보험은 3년 안에 가입자의 절반이 중도 해지하고 10년간 유지하는 경우가 30% 미만이라는 점이다. 중도 해지할 경우에는 원금보다 훨씬 적은 금액을 돌려받는다. 따라서 10년 이상 연금보험을 유지할 가능성이 낮다면, 금리가 바닥이건 말건 정기적금을 드는 것이 훨씬 이롭다. 연금보험은 물가상승률 때문에 고수익을 얻기가 사실상 어렵다. 물가상승률 정도의 수익률이 나오면 목적을 달성했다고 봐야 한다. 속사정이 이런데도 '복리 효과의 마법'을 운운할 수 있을까.

이것만은 꼭 알고 가자!

+ 개인연금에 일찍 가입한다고 무조건 유리한 것은 아니다.
+ 복리 효과는 연금보험만 지닌 장점이 아니다.
+ 개인연금은 수익률이 물가상승률보다 높아야 가치 있는 금융상품이다.

05

최저보증이율,
사실은 제로 수준이라고?

금융회사는 철저하게 손익에 따라 움직이는 존재이다. 금융회사에서 출시되는 상품들은 대부분 수학이나 통계 전공자들이 수리·통계·확률 지식을 총동원하여 개발한 것이다. 따라서 금융회사는 손해 볼 가능성이 있는 상품을 절대 판매하지 않는다. 또한 상품과 관련해 소송이 걸리면 즉각 전문 변호사가 대응하고 언론을 이용해 모든 상황을 자신들에게 유리하게 끌고 간다.

소비자가 가입하는 또 다른 보험, 최저보증이율

보험은 다른 금융상품과 비교해 장기 상품인 데다 사업비가 높다. 그래서 과거에는 유배당을 강조했지만 저금리로 유명무실해지자 요즘은 최저보증을 강조한다. 연금개시 전에 가입자가 사망하더라도 최저 사망보험금을 지급하고, 연금개시 후에는 납입 보험료의 원금을 보장하면서 최저보증이율도 적용해준다는 식이다.

최저보증이율은 시중 금리나 운용자산 이익률이 하락하더라도 보험회사가 보장하는 최저한도의 이율이다. 극단적으로 금리가 지하로 뚫고 내려갈 만큼 낮아지더라도 정해진 하한선을 반드시 지키겠다고 약속하는 금리가 최저보증이율이다. 얼핏 들으면 가입자가 손해를 입는 것을 막는 합리적인 제도인 것처럼 보인다. 하지만 모든 것이 그렇듯 보험회사가 최저보증을 하려면 비용이 든다. 이역시 가입자가 모두 부담한다는 사실은 전혀 언급하지 않은 채, 보험회사는 마치 모든 위험을 자신이 기꺼이 떠맡는 것처럼 이야기할 뿐이다.

변액연금의 경우 투자수익률이 마이너스가 되어 원금 손실이 발생할 수 있다. 그렇다고 해도 연금개시 시점에는 납입원금을 보장해준다. 보험회사는 이를 위해 가입자에게 매년 0.4~0.7% 수준의 '최저연금보증 수수료'를 받는다. 하지만 대부분의 계약자들은 자신이 수수료를 납부하고 있다는 사실조차 모른다. 그러다 보니 연금개시 이전에 계약을 해지하면 최저보증이 적용되지 않아서 원금을 돌려받지 못하는 것은 물론, 수수료만 보험회사에 고스란히 지불하는 셈이다.

보험회사는 전혀 손해 볼 일 없는 최저보증이율제도

연금보험은 일반적으로 연금개시 후에는 납입원금을 보장한다. 또연금개시 전 가입자가 사망을 할 경우에는 최저사망보험금을 지급한다. 보험회사로서는 연금보험 가입자에게 최저보증을 한다 해도 손해를 입을 일이 전혀 없다. 최저보증에 빠질 확률을 계산해 그 비용을 가입자에게 전가하기 때문이다.

2015년 12월 현재 판매중인 변액연금보험 449개의 평균 최저연금보증 수수료는 0.43%, 최저사망보증 수수료는 0.05%이다. 2013년 말 기준으로 통상 납입원금이 보장되는 10년 이상 유지계약에 대한 보증 수수료 징수액은 158억 9,000만 원인 반면, 투자 성과가 납입보험료 원금에 미달한 위험발생액은 1,190만 원이다. 위험발생률이 채 0.1%도 되지 않는다. 결국 소비자들만 과도한 최저연금보증 수수료를 부담하고 있는 것이다.

결국 소비자들은 보험을 가입하면서 '최저보증' 이하로 떨어질 것에 대해 안심하기 위해 '안심비용'을 부담함으로써, 보험을 위한 또 하나의 보험을 구입하는 셈이다. 현재 연금보험에 적용되는 최저보증이율은 연 1~2.5% 정도 된다. 가입기간별로 최저보증이율 적용에 차등을 두는데, 예를 들면 5년 안에는 2%까지 보장하겠지만 10년 후에는 1% 수준으로 적용하겠다는 식이다.

평소에는 연금보험의 적립금에 최저보증이율을 적용하지 않는다. 공시이율형 연금보험상품도 마찬가지이다. 공시이율과 최저보증이율은 보험회사 내부에서만 사용하는 금리로 현재는 3%대이다. 1.4~1.5% 수준인 예금 금리의 2배에 달하므로 연금보험의 수익률 역시 적어도 예금의 2배가 될 것으로 착각하는 경우가 많다. 정말로 그런지 방카슈랑스 상품인 (무)평생플러스연금보험 1507을 이용해 공시이율과 최저보증이율의 실체를 알아보자. 이 상품의 최저보증이율 적용 조건은 10년 내에는 2%, 10년 후에는 1.5%이다.

공시이율 적용과 최저보증이율 적용에 따른 환급률 예시표

구분	1년차	6년차	9년차	10년차	15년차	20년차
공시이율 3.25%	80.3	100.7	106.3	108.7	119.7	131.0
누적 수익률	-19.7	0.7	6.3	8.7	19.7	31.0
최저보증 이율	79.7	97.0	100.3	102.0	106.4	110.4
누적 수익률	-20.3	-3.0	0.3	2.0	6.4	10.4

* 단위 : %
* 기본비용 및 수수료 : 1~7년 10.32%, 8~10년 7.24%, 10년 이후 5.75%
* 기본보험료 : 20만 원, 20년 납, 40세 가입, 60세 연금개시

위 표를 보면 공시이율 3.25%가 계속 유지된다고 가정할 때 6년이 지나야 겨우 원금과 같아진다. 누적수익률을 기준으로 10년이 되면 8.7%가, 20년이 지나면 31%가 쌓인다. 공시금리가 아닌

최저보증이율을 적용하면 상황은 훨씬 나빠진다. 가입한 지 9년이 되어야만 겨우 원금 수준에 도달한다. 10년이 지나면 누적수익률이 겨우 2% 발생하고, 20년이 지나면 10.4%가 된다. 이를 단순하게 연평균으로 환산해보면 다음과 같다.

- 공시이율 3.25%를 적용한 경우

  : 10년간 연평균 0.87%(8.7% ÷ 10년)

  : 20년간 연평균 1.5%(31% ÷ 20년)

- 최저보증이율을 적용한 경우

  : 10년간 연평균 0.2%(2% ÷ 10년)

  : 20년간 연평균 0.52%(10.4% ÷ 20년)

기간이 길어지면서 연평균 수익률이 증가하긴 했지만 차마 수익률이라고 하기에도 초라하다. 3.25%의 공시금리를 적용한다 해도 20년을 기준으로 보면 연평균 1.5%에 불과하고, 최저보증이율을 적용하면 연평균 0.52%이다. 연금보험은 가입 후 10년이 지나면 사업비가 가입 시점에 비해 대략 절반 정도로 떨어진다. 이 때문에 보험회사들은 가입 후 10년 정도가 지나면 수익이 쌓이기 시작하는 속도가 빨라진다고 주장한다. 그러나 공시이율 3.25%가 계속 유지된다고 가정하고 살펴본 것에서 알 수 있듯이 설득력이 떨어진다.

결국 공시이율과 최저보증이율 모두 사업비가 높다는 것을 감추기 위한 유인책에 불과하다. 게다가 물가가 제자리에 그대로 있는 것도 아니다. 3%대 초반의 공시금리가 한동안 이어진다면 가입 후 10년이 지나도, 20년이 지나도 손해일 가능성이 매우 높다. 또한 연금보험은 가입 후 10년이 지나면 비과세 혜택을 준다고 하지만 원금이 손해를 입은 상황이라면 비과세는 무의미하다. 참고로 2006~2015년까지 10년간의 누적 물가상승률은 24.7%이다.

결국 공시이율이 4% 이상으로 올라가거나 사업비가 확 떨어지지 않는다면 유배당 사기극에서 나타났던 것과 비슷한 상황이 될 것이다. 단지 '유배당'이라는 유인책이 '공시이율과 최저보증이율'로 바뀐 것이다.

최저보증이율제도, 지금으로서는 아무 의미가 없다

"저금리 시대, 최저보증이율은 높아야 매력적입니다"라는 식으로 상품을 광고하는 경우가 많다. 최저보증이율이 높아서 손해날 것은 없지만 지금 같은 상황에서는 의미가 없다. 최저보증이율이 빛을 발하려면 어떤 상황이 되어야 할까? 당연히 현재 제시되는 최저보증이율보다 공시이율이 더 낮아져야 한다. 그러려면 기준금리가 0%대에 근접하거나 일본처럼 마이너스 금리가 되어야 한다. 지금도 기준금리에 연동되는 공시금리가 너무 낮아서 노후대비용 상품으로 가치가 있을지는 의문이다.

더구나 연금보험은 연달아 2개월간 보험료가 밀리면 바로 실효되어 버린다. 또 갑자기 목돈이 필요해 10년이 되기 전에 중도 해지하면 원금도 받을 수 없다. 20년차의 기대 누적수익률이 10~14%이며, 20년차를 기준으로 연평균으로 환산하면 연 수익률은 고작 0.5~0.7%가 된다. 어디 그뿐인가. 그 기간 중에 나타난 물가상승률만큼의 손해도 고스란히 감수해야 한다. 결국 연금은 고사하고 금융상품으로서의 가치조차도 없어진다.

또한 3%대의 공시이율이 장기간 이어질 것으로 가정한다면 지금도 연금상품에 가입할 이유가 없다. 물론 미국이 최근 기준금리를 0.25% 인상한 뒤 단기적으로 국내 금리가 올라 공시이율에도 영향을 미칠 가능성은 있다.

이처럼 지금의 공시이율로도 연금상품에 큰 가치를 부여하기 어려운데 최저보증이율에 무슨 의미를 부여할 수 있을까? 그럼에도 불구하고 좋은 연금보험을 선택하는 중요한 기준으로 언론에서 최저보증이율을 언급하는 것을 자주 접할 수 있다.

미래 연금액, 공시이율 무시하고 최저보증이율로 따져라

툭 까놓고 말해서 대체 얼마를 연금으로 받을지 모르는 상태로 가입하는 것이 개인연금상품이다. 보험회사가 제시하는 최저보증이율이 마지노선이란 사실을 제외하면 불투명한 것이 연금보험이라는 말이다.

아래의 표는 40세 남성이 매달 50만 원씩 25년간 납입하면 65세

연금액 예시 사례

최저보증이율 가정 시 10년 이내 1.5%, 10년 초과 1.0%	공시이율 3.24% 가정 시
매년 1,684만 원	매년 2,467만 원

* 공시이율 변동 시(매월 변동) 차이가 있을 수 있으며 미래의 수익률을 보장하는 것이 아님
* 남자 40세, 보험료 50만 원, 전기납, 65세 연금개시, 확정 10년, 2015년 7월 기준
* H생명보험회사 e연금보험(무)

부터 10년에 걸쳐 연금을 준다는 상품이다. 그런데 최저보증이율 적용금액과 공시이율 적용금액 간의 차이가 크다. 여기서 두 가지 금액을 보고 혼란스러워 할 필요는 없다. 매달 변경되는 공시이율로 산출된 금액은 어차피 가상의 수치이다. 최저보증이율로 산출된 월 지급액 140만 원을 10년 동안 받을 것으로 보고 이를 기준으로 노후 계획을 세워야 한다. 변액연금보험 역시 원금을 기준으로 판단하면 된다.

중간에 투자를 잘해서 이익을 많이 내면 좋겠지만 미래는 알 수 없다. 미래의 수령금액을 현재 정확하게 측정할 방법이 없으므로 연금액수를 부풀려 잡았다가 부족해 낭패를 당하는 것보다는 차라리 최저치로 판단하는 게 낫다. 만약 공시이율이 높아 수익이 많아져 수령액이 증가하면 보너스로 여기면 된다.

06

금융회사가 말하는 '비용'의 정체

연금상품의 수익률을 결정하는 요인은 두 가지이다. 바로 운용 수익과 상품에 부과되는 비용이다. 여기서 말하는 비용은 사업비나 수수료, 보수 등이다. 당연히 비용이 높을수록 수익률이 떨어지며 기간이 길어지면 큰 차이로 나타난다.

고수익을 올릴 수 있다면 금융회사가 가져가는 비용에 대해 민감하게 느끼지 않을 수도 있다. 그러나 지금처럼 수익률이 낮은 상황에서는 불만이 커질 수밖에 없다. 그럼에도 금융회사나 자산운용사들은 이에 대해 전혀 미안해하지 않고 있다. 수수료를 꼬박꼬박 떼어가면서도 뻔뻔스러운 표정으로 세제 혜택이 있으니 계속 유지해야 한다고만 말한다.

대체 무슨 비용이길래
이렇게 많이 떼어가는 걸까

법인 명의 계좌에서 월 200만 원씩 납입하는 변액연금보험에 가입했다. 9개월째 자동이체가 되자마자 보험회사에 문의했다. 납입액 1,800만 원 중 200만 원은 아직 투자되지 않았고 1,600만 원에서 사업비를 제외한 1,400만 원 정도가 주식에 투입되었다고 했다. 가입할 때 사업비에 대한 설명을 해주지 않았으므로 계약 해지와 원금 반환을 요구하려고 한다.

안타깝게도 요즘은 사업비를 안내받지 못했다고 해서 계약 무효와 해지를 주장하는 민원이 받아들여질 가능성은 거의 없다. 계약을 하면서 설명을 들었고 모든 내용을 이해했다는 뜻으로 서명한 것을 들이대면 가입자의 논리는 무력화된다. 따라서 상품을 가입하기 전에 비용이 얼마나 되는지를 제대로 아는 것이 피해를 막는 지름길이다.

연금상품에 부과되는 비용에는 여러 가지가 있다. 우선 보험상품은 사업비라고 해서 계약체결비용, 계약관리비용과 위험보험료, 연금 수령 중의 관리비용 등이 부과된다. 또 중도 해지하면 아직 떼지 못한 사업비를 가져가는 해지공제도 적용된다.

변액연금보험은 펀드에 투자하는 것이라 비용구조가 일반 연금보험상품보다 한층 복잡하다. 펀드 운용에 따른 수수료 등의 비용, 납입원금을 보장해주기 위한 최저연금보증비용, 연금개시 전 사망보험금이 부족할 경우를 대비한 최저사망보험금보증비용 등이 추가로 빠져나간다. 연금저축이나 퇴직연금은 운용 및 자산관리 수수료와 판매회사보수가 일단 빠져나가고, 역시 펀드 운용에 따른 비용 등이 추가로 빠져나간다.

이러한 비용은 연금개시 후에도 마찬가지이다. 연금 수령기간 중에는 관리비용 등이 계속 부과된다. 상품에 따라 적용 방법과 액수가 모두 다르므로 약관, 상품요약서, 투자설명서, 간이투자설명서 등으로 확인해야 한다.

선취형과 후취형, 조삼모사에 속지 말자

연금상품에서 비용을 부과하는 방식으로는 선취형과 후취형이 있다. 선취형은 납입금에서 먼저 일정 수준의 비용부터 떼는 것으로 매번 정해진 비율만큼만 가져간다. 한편 후취형은 납입금에서 먼저 비용을 떼는 것이 아니라 나중에 적립금(납입금+수익)을 기준으로 전체 액수에 부과하는 방식이다.

기본적으로 보험회사의 연금보험상품은 선취 방식이다. 보험회사를 제외한 다른 금융회사 상품들은 대부분 후취형을 선택하고 있다. 선취형과 후취형 중 어느 쪽이 더 유리한가에 대한 정답은 없다. 선취형을 적용하는 연금보험의 경우 사업비가 높아 초반에는 적립금이 쌓이는 속도가 더디다. 반면 증권사 펀드 등 다른 금융회사의 연금상품은 후취형이라 적립금이 얼마 되지 않을 때에는 떼어가는 비용이 많지 않아 유리하다. 그러나 시간이 지나 적립금이 많아지면 이와 비례해서 비용 부담도 그만큼 커진다.

대개 가입 후 5~7년 정도가 지나면 선취형이 유리해지는 것으로 나타난다. 이런 사실에 대해 놀라는 사람들이 많다. 왜냐면 보험회사의 연금상품 사업비가 과다하다는 불만은 많았지만, 후취 방식을 적용하는 상품에 대해서는 상대적으로 민감하게 느끼지 못해왔기 때문이다. 예를 들어 연금보험은 비용을 보험료에서 9% 떼지만, 연금저축펀드는 적립액에서 1.5%를 뗀다고 해보자. 당장 보이는 수치에서부터 보험의 사업비가 훨씬 높아 보인다.

하지만 일정시간이 흘러 연금자산 적립액의 규모가 커지면, 적립액을 기준으로 비용을 부과하는 것이 더 부담될 수 있다. 100만 원일 때의 1.5%는 1만 5천 원이지만, 1,000만 원이라면 15만 원으로 비용도 같이 커진다. 반면 보험료에만 9%를 부과하는 경우는 전체 적립액이 100만 원이든 1,000만 원이든 상관이 없다. 다달이 내는 보험료가 10만 원이라면 거기서 매번 9,000원만 비용으로 내면 되기 때문이다.

일부 연금저축펀드와 연금저축신탁을 판매하는 증권사에서는 자사의 상품이 후취 방식으로 비용을 부과하므로 연금보험보다 비용이 낮다고 홍보한다. 하지만 이런 구조가 숨어 있다는 것을 안다면 단기적으로만 유리한 조건임을 알 수 있다.

가입자 입장에서는 보험회사의 연금상품 사업비가 어떤 기준으로 정해지며 그것이 적정한 수준인지, 어떻게 사용되는지 알기가 어렵다. 이를 모르니 보험료가 적정한 금액인지 아닌지를 파악하는 것도 당연히 어렵다.

사업비를 부풀려 손실을 막는 보험회사들

보험회사 사업비의 문제점을 파악하려면 보험회사의 수익 구조부터 알아야 한다. 보험회사의 수익 구조는 크게 다음의 3가지로 나눌 수 있다.

- 이자율 차이익 : 예정 이자율과 실제 이자율의 차이(이차익)

- 사업비 차이익 : 예정 사업비와 실제 사업비의 차이(비차익)

- 위험률 차이익 : 예정 보험금과 실제 지급액의 차이(사차익)

2008년 글로벌 금융위기 당시 보험회사들은 큰 손실을 입었다. 그런데 우연의 일치라고 하기에는 이상하게도 그 이후 위험률 차이익과 사업비 차이익이 증가했다. 보험회사들이 손실을 만회하기 위하여 사업비율을 높이고 위험률을 높게 적용하는 것은 아닌지 의구심이 든다.

사업비 차이익은 구조조정을 통해 본사의 인건비를 줄였다거나, 보험설계사에게 지급하는 판매 수수료를 덜 주는 식으로 얻어지는 수익이다. 일시적으로 증가할 수도 있겠지만 계속 비차익의 증가세가 이어진다면 이는 예정 사업비를 부풀려 보험료를 과다 청구했다는 말이 된다.

자동이체 시대에 수금 수수료가 웬 말?

보험상품의 사업비는 크게 계약체결비용(신계약비), 계약관리비용(수금비와 유지비)로 나뉜다. 계약체결비용은 신규 가입자를 모으는 데 드는 비용이고, 계약관리비용은 기존 가입자를 관리하는 데 드는 비용이다. 과거에는 설계사들이 직접 고객을 찾아다니며 수금했지만 지금은 대부분의 가입자들이 자동이체로 납입하고 있다.

2014년 보험회사가 받은 수금 수수료는 보험료의 약 1.5% 수준인 1조 8,989억 원에 달한다. 생명보험회사는 수금 수수료로 1조 1,171억 원을 받았지만 지출은 1,150억 원에 불과했다. 손해보험회사들이 거둬들인 수금 수수료는 7,276억 원으로 추정되나 정확한 지출금액은 파악되지 않는다. 생명보험회사를 기준으로 보면 가입자들로부터 받은 돈 중 10% 정도만 실제 비용으로 사용되었다. 자동이체 시대에 납득이 되지 않는 수금 수수료를 이용해 사업비를 부풀려 받았다고밖에는 볼 수 없는 상황이다.

과도한 초기 사업비가 부작용을 낳는다

보험회사의 연금상품은 초기 사업비가 높다. 그리고 일정 기간, 대개 10년가량 지나면 그 후에는 절반 정도로 떨어진다. 상품에 따라 차이는 있겠지만 대개 2~3년 정도가 지나면 설계사에게 주는 모집 수당이 사라지며, 7년 정도면 계약체결비용이 낮아졌다가 10년 후에는 계약관리비용만 받는다.

그래서 가입 후 10년이 지나야 겨우 사업비를 모두 납입하는 구조가 된다고 말한다. 그렇지만 10년이 지난 후에도 다달이 납부하는 보험료에 부과하는 사업비가 4~6% 수준이라 비용이 적다고 하기는 어렵다. 이렇게 초기 사업비가 크니 연금보험을 기준으로 7년 정도는 기다려야 겨우 납입원금 수준에 도달할 수 있다. 10년 후에 바로 연금을 개시할 요량으로 40대 중반에 가입할 경우, 현재의 공시이율 수준으로 계산하면 10년간의 누적수익률이 겨우 7~8% 정도에 불과하다. 결국 원금으로 연금을 받는 상황이 벌어질 수도 있는 것이다.

그렇다면 20년 후 연금을 개시했을 때 사정은 나아질까? 지금 상황에서는 공시이율이 나중에 어떻게 변동할지 알 수 없다. 다만 과거 10년 정도와 유사하게 움직인다면 연금보험이나 연금저축보험의 경우 원금을 기준으로 30% 정도의 누적수익이 발생될 것으로 기대된다. 중도 해지하지 않고 20년간 유지했다고 가정한다면 가입 시점에서부터 따진 연평균 수익률은 1.5%인 셈이다.

현재 수준으로는 10년이 지나도 본격적으로 수익이 나지 않는다. 여전히 사업비 부담이 커서 연금보험에서 고수익을 기대하기는 어렵다. 단지 은행 예금이나 적금보다 조금 나을 것을 기대하는 정도이고, 중도 해지만 하지 않으면 연금을 받을 때 원금이 보장될 뿐이다.

보험회사가 과거에 판매했던 상품에서 발생하는 손해를 사업비라는 명목으로 계약자들에게 전가하는 것은 마땅히 비판받을 일이다. 그러므로 지금이라도 보험회사가 가입자들의 연금 수령액을 높이려면 사업비의 거품을 더 빼고 투명하게 그 내역을 공개해야 할 것이다.

+ 개인연금상품의 비용 부과방식에는 선취 방식과 후취 방식이 있다.
+ 가입초기에는 후취 방식이 유리하지만 5~7년이 지나면 선취 방식이 유리해진다.
+ 연금보험은 사업비가 높아 고수익을 기대하기 어렵다.

중도 해지하시면
저희는 더 좋아요!

보험은 예금과 마찬가지로 우리 생활에 깊숙하게 들어온 금융상품이다. 2014년 기준으로 국민들의 가입률을 보면 가구 가입률 97%, 개인 가입률 93%로 상당히 높은 편이다. 이미 오래 전부터 우리나라 보험시장은 과포화 상태이지만 보험회사들은 여전히 건재하다. 기존 보험을 중도 해지하고 새로운 보험으로 가입하는 양상이 반복되기 때문이다. 보험회사의 연금상품 역시 중도 해지율이 높아 가입자의 연금자산이 제대로 쌓일 틈이 없는 상황이다. 중도 해지하면 가입자와 보험회사는 각각 어떤 결과를 만나게 될까?

그들이 중도 해지를 막지 않는 진짜 이유

가만 보면 보험회사는 신규 가입자를 늘리려고 안달하면서도 오래된 계약을 해지하겠다는 고객은 막지 않는다. 가입자가 빠져나가면 보험회사에게는 좋을 것이 없을 것 같은데도 왜 보험회사에서는 이를 적극적으로 막지 않을까?

이것은 예전에 자신들이 판매한 고이율 확정이율형상품에서 손해가 발생하고 있기 때문이다. 1990년대에는 금리가 10%를 넘나들었고 2000년대 초반까지도 7%가 넘었다. 하지만 이후 계속해서 금리가 하락하면서 이 상품이 손실을 부르고 있다. 보험회사 입장에서는 손해가 나는 상품들을 하루라도 빨리 없애는 것이 이익이다. 유지하면 할수록 손해가 커지기 때문이다.

　그 단적인 사례를 2013년에 불거졌던 동양그룹 사태에서 볼 수 있다. 당시 동양그룹은 오너 일가가 금융 계열사의 자산과 고객의 자산을 개인 재산처럼 이용해 사회적 물의를 빚었다. 그룹의 유동성 위기가 나타나자 다수의 동양생명 계약자들이 연이어 계약을 해지했다. 그런데 동양생명은 손해를 보기는커녕, 2013년 2분기 당기 순이익이 전년 동기 대비 13%나 증가하는 기염을 토했다. 역설적이게도 고금리 상품의 중도 해지가 보험회사의 이익으로 연결되었던 것이다.

　몇 십 년짜리 장기상품을 많이 보유하는 보험회사 입장에서는 자사에게 불리한 조건의 상품을 계약자가 중도 해지하면 고마워할 수밖에 없다. 게다가 고객이 다른 상품에 재가입하면 사업비를 다시 챙길 수 있어 중도 해지는 보험회사에게 여러 면에서 쏠쏠한 이익을 가져다준다.

　반면 중도 해지할 경우 가입자는 손실이 크다. 보험회사는 중도 해지 직전까지 납입한 보험료의 사업비 외에도 미래의 사업비, 정확하게는 계약체결비용의 일부까지 가입자에게 받아낸다. 또한 해약 페널티인 해지공제까지 적용해 아직 내지 않은 사업비(미상각신계약비)마저 제하고 남은 돈을 주는 것이다.

월 100만 원 5년납에 1,000만 원 거치형 조건으로 연금보험에 가입했다. 가입 당시 설계사에게 몇 년 이내에 결혼 계획이 있어 목돈이 필요할 수도 있다고 했다. 그러자 설계사는 5년간 납입을 끝내면 적금보다 액수가 많고 10% 이상의 평균 수익률을 올릴 수 있다고 했다. 그런데 가입 후 알고 보니 5년이 지나도 원금이 안 될 수도 있으며 20~30년 뒤에 찾아 쓸 때 유리한 상품이었다. 월급이 200만 원인데 매달 100만 원씩, 그것도 30년 뒤에 찾을 수 있는 상품인 줄 알았다면 가입하지 않았을 것이다.

가입자가 중도 해지하는 이유는 대부분 두 가지로 압축된다. 수익률 등을 높게 잡았거나, 소득을 고려하지 않고 부담스러운 납입액을 설정한 것이다. 이는 상품에 대한 지식이 부족한 가입자들이 보험회사의 마케팅에 쉽게 말려든 결과이다. 불완전판매로 인정되면 보험회사가 전액을 배상해야 하지만 그럴 확률은 극히 적다. 단지 상품 내용과 약관을 제대로 숙지하지 못한 가입자의 책임으로 돌리면 그만이다. 그리고 그 피해는 고스란히 가입자들에게 전가된다.

"더 좋은 상품이 나왔어요"에
속지 말자

직장인 S씨는 1999년 예정이율 7.5%인 생명보험회사 연금보험에 가입했다. 2년이 지난 2001년 담당 설계사의 권유로 계약을 해지했다. 콜센터와 영업소에 물어봐도 이구동성으로 해약하는 것이 좋다고 했다. 그런데 6년 뒤 손실을 우려한 보험회사에서 정책적으로 해약을 유도했었다는 사실을 알고 분통을 터뜨렸다.

보험회사로부터 새로운 상품으로 갈아타라는 권유를 들어본 경험이 누구나 한번쯤은 있을 것이다. 과거에 판매됐던 연금보험상품 가운데 연 7.5% 이상의 확정금리를 제공하는 상품들이 대부분 여기에 해당된다. 2000년대 초반 보험회사들은 이들 상품에 가입한 고객들에게 적극적으로 해약을 권했다. 설계사들에게도 해약 실적에 따라 인센티브를 부여할 정도였다.

기준금리 1% 시대로 접어들면서 생명보험회사들 입장에서는 금리가 3~5%인 시절에 판매했던 상품들에서조차도 손실이 발생하고 있다. 그러다 보니 가입자들에게 보험을 갈아타라고 권유하는 일이 또다시 나타나고 있다. 승환계약을 유도하는 것은 불법이라 대놓고 권하지는 못하지만, 일부 설계사들은 신규 수당을 노리고 계약 후 4~5년이 지난 고객에게 계약 해지를 권유하기도 한다. 새로 나온 상품에 더 많은 혜택과 보장이 있고 평균수명 연장에 따라 보장기간도 길어졌다는 점을 강조하는 식이다.

연금보험은 기본적으로 금리를 바탕으로 설계되는 상품이다. 그래서 금리가 바닥을 칠 때는 소비자에게 유리한 상품을 만들기 어렵다. 요즘처럼 금리가 끝도 없이 내려가는 시절일수록 보험을 갈아타라는 제안을 받는다면 단호하게 거절하는 것이 득이다.

2001년 이전 가입한 개인연금저축, 절대 해지하지 마라

2000년 12월까지 출시된 상품들의 경우 해지하면 온전히 가입자의 손해가 된다. 왜냐하면 이 상품들은 다음과 같은 장점을 지니고 있기 때문이다. 첫째, 최저보증이율이 4% 이상으로 높고 연간 납입액의 40%와 72만 원 중 적은 금액으로 소득공제를 받을 수 있다. 둘째, 세액공제 적용대상이 아니다. 연금개시 후에는 연금소득세 비과세 혜택을 받을 수 있다. 셋째, 추가로 내야 할 세금이 없다. 이처럼 지금은 나올 수 없는 장점들을 지녔으므로 특별한 이유가 없다면 만기까지 보유하는 것이 좋다.

이외에도 만일 1997~1998년에 가입한 확정금리 연금보험이라면 100% 그대로 유지하는 것이 좋다. 금융감독원에 따르면 당시 판매되었던 연금보험은 금리가 22%나 되었고, 8~9%에 달하는 확정금리상품 역시 많이 판매되었다. 이런 상품들을 해지하면 보험회사는 속으로 쌍수를 들고 환영하겠지만, 다시는 가입할 수 없고 지금 어느 금융회사에서도 찾을 수 없는 조건이라는 것을 알면 해약한 소비자는 가슴을 치게 된다. 과거에 보험회사들은 이전에 판매한 연금보험에서 발생한 배당금이나 연금을 찾아가지 않으면 예정이율에 1%를 더해준다고 하면서 예치 활동을 벌였다. 그러나 최근 저금리 상황이 되자 손실이 발생한다는 이유로 이자 지급을 거부하며 소비자의 뒤통수를 치는 이율배반적 행위를 하고 있다.

또한 보장성보험도 가입한 지 오래된 상품은 해약에 신중을 기해야 한다. 금리 차이 말고도 건강이 나빠졌거나 나이가 많아졌다면 새로운 상품에 가입하기 어렵거나 보험료가 훨씬 높아질 가능성이 높다. 다시 한 번 강조하지만 중도 해지는 보험회사의 배를 불려주는 일이다. 정말 어쩔 수 없는 경우가 아니라면 신중하게 생각하고 결정해야 한다.

이것만은 꼭 알고 가자!

+ 중도 해지하면 보험회사만 좋은 일 시킨다.
+ 2001년 이전에 가입한 개인연금저축이 있다면 끝까지 갖고 있자.

2장

금융회사가 숨기는 연금상품의 불편한 진실

08

펀드와 보험의 어설픈 만남
_ 변액연금보험

2000년대 들어서며 금리가 하락하자 원금에 이자를 더해 돌려줄 수 있는 상품을 설계하기가 불가능해졌다. 그러자 보험회사들은 보험에 펀드투자 기능을 더한 변액보험을 판매하기 시작했다. 마침 불어닥친 펀드 열풍과 함께 변액연금보험은 2008년 글로벌 금융위기 전까지 생명보험회사의 주력 판매 상품 중 하나로 떠올랐다.

보험회사들은 10년 후에는 투자로 인한 수익이 발생해도 비과세 혜택을 받을 수 있으며 원금을 보장해준다는 말로 변액연금보험을 판매하고 있다. 그러나 그 과정에서 소비자들이 비과세 저축상품이나 단기 재테크 상품으로 오해하는 경우가 빈번하게 발생했다. 지금도 불완전판매로 인한 민원의 대부분을 차지하며 논란의 중심에 있는 상품이 바로 변액연금보험이다.

누적수익률이 40%가 되어야 겨우 원금인데 투자라니?

원금을 보장해준다고 해서 월 80만 원, 납입기간 5년 조건으로 A 사 변액연금보험에 가입했다. 설계사가 보험회사에서 전화가 오면 모든 설명을 다 들었다고 하라고 해서 그렇게 말했다. 이후 8개월 간 640만 원을 납입하다가 해지하려고 하니 해지환급금은 100만 원 정도였다.

위 사례는 변액연금보험과 관련해 가장 대표적으로 제기되는 민원이다. 변액연금보험을 중도 해지한 경우 해지환급금이 납입원금에 한참 못 미친다는 불만이 많다. 가장 큰 원인은 높은 사업비에 있다. 어떤 보험이든 보험회사가 가입자로부터 보험료를 받으면 가장 먼저 하는 것이 비용을 챙기는 일이다. 변액연금보험의 경우도 마찬가지로 보험료에서 사업비와 위험보험료 등을 먼저 제외한 뒤 나머지 자금을 펀드에 투입한다.

하지만 투입한 자금 모두가 투자 밑천으로 쓰이는 것이 아니다. 특별계정 운용보수, 최저사망보험금 보증비용, 최저연금적립금 보증비용 등 다양한 비용을 정해진 규정에 따라 빼간다. 이렇게 빠져나가는 변액연금보험의 사업비는 대개 8~15% 정도이다. 평균적으로 11%를 공제하며, 펀드관리 수수료로 적립금의 0.6% 정도가 매월 빠져 나간다. 사업비가 많아서 실제 납입한 보험료에 비해 적립금이 쌓이는 속도도 더딘데다, 원금 자체가 줄어서 투자 수익이 기대치만큼 나오기 어려워진다.

게다가 변액연금보험이 판매되던 초기에는 이를 아예 펀드라고 하면서 판매하는 경우도 많았다. 일반 펀드와 유사한 상품으로 잘못 이해한 가입자가 많았고, 자신이 낸 보험료에서 사업비가 빠져나간다는 것을 모르는 경우도 많았다. 펀드로 오인하여 가입한 경우, 중도 해지했다가 해지환급금이 너무 적어서 민원 제기로 이어진 경우도 많다. 같은 돈을 투자하고 같은 투자수익률이 나왔어도 막상 펀드를 환매했을 때 손에 쥘 수 있는 돈은 변액연금이 훨씬 적다.

가입자와 보험회사의 수익 계산법은 전혀 다르다

변액연금보험 가입자들이 판단하는 원금은 보험료로 낸 돈의 총합이다. 가입자들은 그 돈을 기준으로 수익을 계산한다. 일반 펀드 역시 납입한 돈을 원금으로 보고 수익률을 따진다. 하지만 변액연금보험에서의 투자원금은 납입 보험료의 총액이 아니다. 보험료에서 사업비를 제외한 돈을 기준으로 수익을 따진다. 정상적으로 계약한 가입자가 사업비를 되돌려 받을 방법은 없다. 오로지 빠져나간 사업비보다 펀드 투자의 이익이 높아야만 일반 펀드와 경쟁이 가능해진다.

최근 1년간 변액연금보험 수익률 평균치는 3.2% 정도였다. 보험료로 총 100만 원을 납입했고 사업비는 15%라고 해보자.

- 가입자의 수익 계산법 : 100만 원 × 3.2% = 3만 2,000원

→ 총 적립금은 납입원금 100만 원 + 수익 3만 2,000원 = 103만 2,000원

- 보험회사의 수익 계산법 : 100만 원 - 사업비 15% = 85만 원

→ 85만원 × 3.2% = 7,200원

→ 총 적립금은 실제 투자금 85만 원 + 수익 2만 7,200원 = 87만 7,200원

따라서 가입자가 인식하는 수준인 103만 2,000원이 되려면 수익률이 3.2%가 아닌 21.4%여야 한다. 사업비로는 15%를 가져갔는데, 수익이 고작 3.2%라면 실제로는 수익이 났다고 할 수 없다. 원금의 11.8%가 줄어든 것이다.

또한 변액연금보험은 10년 유지율이 낮다. 가입자의 절반 정도가 3년 내에 중도 해지한다. 보험개발원에 따르면 2013년 기준으로 변액연금보험의 5년 이상 유지율은 겨우 36.4%에 불과하다. 이렇게 10년이 지나도 원금이 될지 말지 모르는 상품을 가입 후 3년 후나 5년 후에 중도 해지하면 이는 고스란히 가입자의 손해로 이어지게 된다.

10년 후 비과세 적용을 받을 만한 이익이 없다?

변액연금보험은 일반연금보험과 마찬가지로 가입 후 10년이 지나면 수익에 대한 비과세 혜택을 받는다. 하지만 10년이 지난 시점에 비과세 혜택을 받을 만한 수익이 발생할지 아닐지는 모르는 일이다. 원금 수준조차 도달하지 못하거나 겨우 원금 수준이라 해도 사실상 손해를 볼 가능성이 높다.

만일 국내주식형 펀드로 운용을 했다면 10년을 채우지 않아도 주식 매매차익에 대한 비과세 혜택을 받을 수 있다. 대주주 등을 제외한 일반인의 국내주식 매매차익은 비과세 대상이다. 펀드에 편입된 주식에서 배당소득 등이 나올 경우에는 이자소득세를 내야 하지만, 실제 배당수익이 많지 않은 일반 펀드의 경우 내야 할 세금은 없거나 미미한 수준이다.

누구도 말해주지 않았던 변액연금보험의 정체

2012년 4월 금융소비자연맹이 발표한 〈컨슈머 리포트〉에 '변액연금보험의 실효수익률은 1.5%로 물가상승률 3.2%에도 못 미친다'는 내용이 담겨 업계를 발칵 뒤집어놓은 일이 있었다. 금융소비자연맹이 발표한 실효수익률은 그동안 보험회사가 발표해오던 '펀드 투입 금액 대비 수익률'이 아닌, 소비자들이 알고 싶어 하는 '낸 돈 대비 수익률'이었다. 4년 가까이 지난 지금, 변액연금보험의 수익률은 어떻게 되었을까?

변액보험 수익률의 진실

소비자가 정말로 알고 싶은 정보는 '내가 낸 돈이 얼마나 불어났는가'이다. 소비자가 낸 돈을 100원이라고 가정했을 때 펀드에 투입되는 돈은 100원보다 적다. 보험회사는 사업비와 위험보험료 등의 명목으로 보험료의 일정 비율을 공제한다. 문제는 여기서부터 발생한다.

변액연금보험에 가입한 소비자라면 공시정보를 보고 자신이 안정적인 수익을 올리고 있다고 안심하고 있었을 것이다. 그러나 제공되는 수익률 정보는 보험회사가 투자한 금액 대비 수익을 나타내고 있는 것이므로, 실제로 '소비자가 낸 금액 대비 수익'은 아니다. 공시수익률을 보험회사가 운용한 자금 대비 수익이 아닌, '소비자가 낸 돈 대비 자산 가치'로 환산하고 이를 편의상 실효수익률이라고 지칭하자.

그런데 실효수익률을 계산해보았더니 놀라운 일이 벌어졌다. 공시정보에서는 수익을 내고 있는 것으로 보이던 수치들이 계산 결과 모두 손실로 나타난 것이다. 소비자 중심으로 시각을 뒤집어 보았을 뿐인데 완전히 다른 양상이 나타났다. 이는 변액연금보험의 평균 수익률도 마찬가지이다. 조금 복잡하긴 하지만 공시자료실의 공시정보를 기준으로 변액보험 투자펀드의 평균 공시수익률과 평균 실효수익률을 계산해보자.

변액연금과 일반 펀드 비교

구분	공시수익률			실효수익률 (원리금 기준)			실효수익률 (수익 기준)		
	누적	연평균	1년	누적	연평균	1년	누적	연평균	1년
평균 수익률	30.1	2.68	−0.1	15.3	−9.02	−11.5	25.9	2.09	−0.62

* 단위 : %
* 2015년 12월 28일 생명보험협회 공시자료 기준

위의 표에서 보다시피 변액보험의 평균 공시수익률은 누적수익률 30.1%, 연평균 수익률 2.68%, 1년 수익률 −0.1%이다. 이를 평균 실효수익률로 변환하자 누적수익률은 반 토막 났고, 연평균 수익률과 1년 수익률은 각각 −9.02%와 −11.2%로 엄청난 손실을 보고 있음이 드러났다. 사실상 소비자들은 손해를 보고 있는 것이다.

게다가 수익률이 꼭 마이너스여야만 손실을 보는 것은 아니다. 앞에서도 강조했듯이 수익률이 물가상승률보다 높아야지 그렇지 않으면 실질적으로는 손해를 입은 것과 같다. 따라서 물가상승률

보다 낮은 수익률을 보이는 상품을 '실질손실펀드'라고 하고 그 비중을 계산하면 더 놀라운 결과가 나타난다. 2015년 12월 말 기준, 펀드설정일 1년 미만인 상품을 제외한 895개 상품을 대상으로 조사했을 때 실질손실펀드의 비율은 무려 전체의 25.6%나 된다. 1년 수익률을 기준으로 보면 이 비율은 36.3%에서 74.1%로 2배 넘게 증가한다.

실효수익률을 기준으로 따져보면 손실펀드의 비율은 더욱 심각하다. 소비자가 투자한 돈 대비 자산 가치로 따진 연평균 실효수익률과 1년 실효수익률을 기준으로 보면, 변액연금보험 투자펀드의 99% 이상이 손실펀드이다. 이런 수익률이라면 변액연금보험에 가입할 이유가 전혀 없다.

원금 보장, 내가 내는 수수료 때문에 가능하다

변액연금보험은 연금개시 시점에는 운용수익에서 손실을 보았더라도 원금을 보장해주고, 10년 이상 보유하면 발생하는 수익에 대해 비과세 혜택을 받는다. 또한 2016년 6월부터는 변액보험의 최저보장보험금이 예금보호 대상으로 편입된다. 이런 조건은 금융투자로 연금자산을 늘리고 싶지만 손실이 두려운 사람에게는 매력적이다. 참고로 일반 보험계약은 보험금 및 해지환급금에 대해서 예금자 보호가 이뤄진다.

변액연금을 들여다보면 원금 보장을 위한 2가지 장치가 있다. 우선 손실을 최소화하기 위해 공격적으로 운용하는 펀드는 거의 없다. 대부분 채권에 50% 이상을 투자하는 등 안정적으로 운용하다 보니 고수익이 나오기 어려운 구조이다.

또한 원금을 보장해주기 위한 '최저보증준비금'을 쌓아놓았다. 매년 0.4~0.8% 정도의 최저연금적립보증비용 수수료를 보험료에서 떼어낸다. 보험회사 입장에서는 원금을 보장해도 손해를 보지 않는 구조로 이루어져 있다. 오히려 중도 해지로 인해 원금 보장의 기회조차 없는 사람들이 거의 대부분인 상태에서, 원금 보장을 핑계로 더 많은 수수료 수익을 챙길 수 있다.

필요 이상의 수수료를 지불한 탓에 보험회사는 이익을 얻지만 가입자는 원금 도달 시간이 그만큼 길어지면서 손해를 보고 있다. 이 때문에 보험회사들이 최저연금보증 수수료를 통해 부당이익을 크게 얻고 있다는 지적을 피하기 어렵다. 그래서 정부는 2016년부터 최저보증이 없는 변액연금보험상품을 허용하기로 했다. 최저보증 수수료를 떼지 않는 만큼 수익률이 높아지는 것이다.

가장 중요한 '펀드 관리'서비스를 받지 못하고 있다

변액연금보험의 수익률을 높이려면 편입된 펀드들을 시장 상황에 맞춰 운용해야 한다. 하나의 변액연금보험은 적게는 10개에서 많게는 30개 이상의 펀드를 담고 있다. 초기에는 단순히 주식형, 채권형, 혼합형 등으로 구성되어 있었지만 요새는 주가연계증권(ELS)이나 해외펀드까지 다양하게 들어 있다.

그런데 가입자의 95%는 펀드를 변경하지 않고 가입할 때 설계사가 구성한 상태를 그대로 유지한다. 펀드 변경에 대해 모르는 경우가 많고, 알아도 언제 어떻게 변경해야 할지 판단을 하지 못해서 그렇다. 애초에 금융상품 투자에 능숙한 사람이라면 일반 펀드와 수익률에서 비교가 되지 않는 변액연금펀드에 투자할 가능성이 낮다. 가입 초기에 보험 설계사들은 펀드를 꼼꼼하게 관리해 줄 것처럼 말하지만 대부분 시간이 지나면서 소홀해진다. 펀드 교체를 해도 설계사들에게 떨어지는 추가 이득이 없는 데다 이들 역시 대부분 금융 투자 전문가가 아니기 때문이다.

게다가 설계사가 다른 회사로 옮기는 경우에는 '고아 계약'이 되어버려 그나마 최소한의 관리도 받기가 어려워진다. 사업비에는 계약 관리비용 등의 수수료가 포함되었음에도 불구하고, 가장 중요한 부분인 운용에 있어서 가입자들은 실질적인 서비스를 받지 못하고 있다.

'스텝업 기능'은 수익 증가를 위한 것이 아니다

변액연금보험 중에는 스텝업(step-up)을 보증하는 상품이 있다. 정해진 기준일에 단계별 목표 기준금액에 도달하면 초과 성과금액의 합계액을 최저연금적립금에 넣어주는 것이다. 예를 들어 100원이 목표액이었는데 130원이 되었다면, 30원이라는 수익을 이후의 투자로 까먹지 않도록 지켜주기 위한 장치라고 보면 된다. 이는 해당 적립금을 원금이 보장되는 채권형 펀드로 옮겨놓기 때문에 가능하다.

그런데 스텝업 기능을 통해 채권형 펀드로 이전하면 고수익을 올리기 어렵다. 특히 주가가 상승하는 시기에 상대적으로 손해를 볼 수 있다. 주가 상승기에는 채권 비중을 낮춰야 한다. 가뜩이나 원금에 대한 안정성을 높이려고 주식투자 비중을 50% 미만으로 낮게 유지하는데, 초과 달성 이익을 채권형 펀드로 이전해두면 주가 상승에 올라타기가 더 어려운 구조가 되어버린다.

그럼에도 보험회사에서는 이익을 지켜주므로 고수익이 가능하다며 스텝업 기능이 매우 뛰어난 장점인 것처럼 이야기한다. 눈을 크게 뜨고 약관을 꼼꼼하게 보아야만 '스텝업에 도달해서 초과 이익이 나면 채권형 펀드로 이전한다'라는 문구를 발견할 수 있을 뿐이다. 또한 이 문구를 발견하더라도 가입자의 대다수는 채권과 주식의 상관관계를 잘 알지 못해 무슨 의미인지 모르고 지나치기 쉽다.

펀드가 아니라 연금용 보험상품일 뿐이다

보험은 중도 해지하면 손해 보는 금융상품이다. 때문에 오랫동안 원금을 찾을 수가 없는데도 연금보험을 재테크 상품이라고 부르는 것은 잘못이다. 게다가 변액연금은 보장성보험도 아니다. 보험상품이라면 충분한 보장 기능을 갖추고 있어야 하는데 변액연금보험의 일반사망보험금은 300만~500만 원 수준, 재해사망보험은 500만~1,000만 원 수준으로 미미하다.

또한 대부분의 보장은 특약 형태로 구성되어 있다. 특약을 선택하지 않으면 혜택이 없고 대개 연금이 개시되면 사라진다. 극히 일부 상품만 연금개시 이후에도 보장이 유지된다는 조건이 있을 때

보장한다. 이는 변액연금보험뿐만 아니라 일반연금보험의 특약도 마찬가지이다. 결국 연금을 개시하면 투자 손실이 발생했더라도 납입원금을 보장한다는 것이 실질적으로 유일한 보장이라 할 수 있다.

보험회사들이 최저연금보증 수수료를 통해 높은 부당이익을 얻는다는 지적이 이어지자, 올해부터는 원금이 보장되지 않는 변액연금도 판매할 예정이다. 원금을 보장하지 않을 경우 최저연금보

변액연금과 일반 펀드 비교

구분	변액연금	펀드
과세 여부	비과세(요건 충족시)	과세(국내주식 매매차익만 비과세)
보장 기능	사망 등의 보장 제공	보장 기능 없음
최저보장 여부	적립금에 대한 최저보증 있음 (연금개시 최저보증)	최저보증 없음
펀드 변경 여부	연 12회 이내로 가능 (회사마다 조금씩 다름)	펀드 변경을 위한 별도 가입절차 필요
예금자 보호 여부	없음	없음

증 수수료가 사라지므로 보험료는 약간 저렴해질 가능성이 생긴다. 물론 그렇다고 해도 평균 11%에 달하는 사업비가 크게 낮아지는 것은 아니다.

변액연금보험에서 채권 비중 50% 제한을 풀고 공격적인 상품에 투자하도록 허용한다고 해도, 높은 사업비로 인해 일반 펀드와는 수익률 면에서 경쟁이 안 된다. 때문에 가입자 입장에서는 원금을 보장받지 못한다면 그나마도 존재 가치가 없는 상품이 된다. 이보다는 차라리 주식이나 펀드에 투자하는 것이 낫다.

결국 펀드투자 기능만 보고 변액연금보험을 선택하는 것은 섣부른 행동이다. 단지 연금개시 시점에 투자를 실패했더라도 원금을 보장해주는 보험으로 판단해야 하지, 절대 일반 펀드와 유사한 상품으로 오인해서는 안 된다. 참고로 필자는 변액연금보험을 들지 않았다. 물론 앞으로도 가입할 생각이 없다.

이것만은 꼭 알고 가자!

+ 변액연금의 투자원금은 내가 낸 보험료 총액이 아니다.
+ 변액연금 수익률을 높이려면 금융시장 상황에 맞춰 펀드를 변경해야 한다.
+ 변액연금은 재테크용이 아닌 연금용 보험상품이다.

09

5년 후에나 겨우
예금을 따라 잡는다
_ 즉시연금

즉시연금은 목돈은 있지만 별다른 은퇴 준비 없이 퇴직한 사람들이 주요 타 깃이다. 한꺼번에 목돈을 넣었다가 빠르면 1개월 후부터 매달 연금을 받을 수 있고, 수익을 내기 위해 거치기간을 두었다가 연금을 개시할 수도 있다. 은행 예금에 돈을 넣어봤자 연 1.5% 정도의 이자를 주는 것을 생각하면 공 시이율이 3%대인 즉시연금의 수익성이 굉장하다고 생각하기 쉽다. 여기에 10년을 유지하면 납입원금을 기준으로 2억 원까지는 비과세 혜택도 받을 수 있어 두루두루 좋은 상품 같다. 하지만 계약서에 자필 서명을 마치고 돈 을 넣는 순간, 충격적인 반전과 맞닥뜨리게 될 것이다.

돈을 넣는 즉시
원금의 일부가 사라진다

즉시연금은 정기적으로 돈을 납입하는 방식이 아닌 한 번에 목돈으로 보험료를 납입하는 형태이다. 지금 가지고 있는 목돈을 한꺼번에 내고 매월 일정한 연금액을 받는 상품이라고 보면 된다. 즉시연금은 수령하는 방법에 따라 3가지로 나눌 수 있다. 가입자가 죽을 때까지 연금을 타는 종신형, 일정한 기간에 원금과 이자를 받는 확정형, 마지막으로 매달 이자만 받다가 사망하면 원금을 자녀에게 물려줄 수 있는 상속형이다.

그런데 즉시연금은 일시에 목돈을 내는 만큼 사업비 또한 한 번에 가져가는 구조이다. 즉시연금의 초회 사업비는 대개 6~9% 정도 된다. 어떤 상품은 연금을 개시할 때 3~4%의 일회성 비용을 추가로 떼어가기도 한다. 그러다 보니 즉시연금은 돈을 입금하는 순간 원금이 확 쪼그라든 상태에서 개시하게 된다. 이렇게 보험료를 넣자마자 사업비를 한꺼번에 가져간다는 점을 제대로 알고 있는 가입자가 얼마나 될까.

예금만도 못한 즉시연금 수익률

즉시연금 역시 공시이율의 적용을 받는 상품이다. 즉시연금의 공시이율은 2015년 말 기준으로 대략 3~3.25% 정도 된다. 여기서 즉시연금의 수익률과 예금의 수익률을 비교해보자. B사에서 판매하는 즉시연금의 공시이율은 3.1%이고, 최저보증이율은 최초 5년간은 2%, 5년 이후부터는 1.5%를 적용한다.

오른쪽 표를 보자. 공시이율 3.1%, 초기 5년간의 최저보증이율 2% 그리고 은행예금 금리 1.5%를 적용해 단순하게 계산했다. 금리 차이가 큰 데도 불구하고 가입 첫해의 '원금+수익금'에서 큰 차이가 보인다. 즉시연금 역시 다른 연금보험과 마찬가지로 사업비를 제하면 남은 원금 자체가 적어 공시이율을 높게 적용해도 손실이 나타난다. 만약 3.1%의 공시이율을 적용할 경우 원금 5,000만 원을 회복하기 위해서는 3년이 필요하며, 5년이 지나야만 겨우 예금 수익을 따라잡을 수 있다.

적금과 즉시연금의 수익률 비교

구분	가입 첫해 수익률 계산	적립금+수익금
즉시연금 공시이율 적용	45,592,450원 × 3.1% = 1,413,366원	47,005,816원 (원금 대비 -5.99%)
즉시연금 최저보증이율 적용	45,592,450원 × 2% = 911,849원	46,504,299원 (원금 대비 -6.99%)
예금 금리 1.5% 적용	50,000,000원 × 1.5% = 750,000원 (634,500원/이자소득세 15.4% 적용)	50,634,500원 (원금 대비 +1.269%)

* 원금 5,000만 원, 초회 사업비 8.8151% 가정

* 초회 사업비 이외 다른 비용이 없다고 가정

* 즉시연금 수익률은 비과세, 예금 수익률은 일반과세 적용

* 연금이 개시되지 않은 상태를 가정

금융회사들은 즉시연금에 가입할 경우 10년이 지나면 비과세 혜택을 받을 수 있다고 광고한다. 실제로 예전에는 무조건 최초 납입일 기준으로 10년만 채우면 비과세 대상이 될 수 있었다. 하지만 2013년 2월 15일 이후 가입분부터는 새로운 비과세 규정에 의해 연금보험 수익에 대한 비과세 범위가 축소되었다. 때문에 즉시연금의 비과세 요건은 다른 저축성보험과 비교하면 까다롭다. 현재 연금보험을 이용한 비과세 기준은 다음과 같다.

① 월납 5년 이상 & 10년 이상 유지

② 즉시연금 포함 일시납 형태와 5년 미만 월납 계약에서는 2억 원 이하 &

10년 이상 유지

③ 종신형연금보험 계약

개인당 비과세 가능 한도는 2억 원

2013년 2월 14일까지 판매되었던 즉시연금 상품은 비과세 적용 금액의 제한이 없었다. 때문에 소위 현금 부자들이 종합금융과세 회피용으로 많이 가입하곤 했다. 그러자 부자들에게 과도한 세제 혜택을 준다는 비판이 제기되어 2013년 2월 15일 이후 가입분부터는 2억 원 이내라는 기준이 생겼다. 이때 2억 원은 즉시연금에 한해서만 적용되는 것이 아니다. 가입한 모든 저축성보험의 총액 기준으로 따진다. 다른 연금보험에 1억 2,000만 원이 있다면, 즉시연금으로 비과세 혜택을 받을 수 있는 금액은 8,000만 원이다. 만약 2억 원을 초과하면 15.4%의 이자소득세를 내야 한다.

그런데 2억 원을 초과하는 경우, 초과된 부분만 과세 대상인 것이 아니다. 전체가 과세 대상이 되므로 주의해야 한다. 이때 2억 원의 판단기준은 납입 보험료를 기준으로 따진다. 보험회사에서는 마치 비과세 통장처럼 언제든 인출했다가 채워 넣으면 된다는 식으로 설명하지만 실제로는 그렇지 않다.

예를 들어 2억 원짜리 즉시연금에 가입한 후 중간에 5,000만 원을 인출했다가 다시 채워 넣었다고 해보자. 이 경우에는 비과세 대상이 아니다. 잔액 기준으로 따지는 게 아니기 때문이다. 즉 애초의 2억 원이 아닌 2억 5,000만 원짜리 연금으로 인식되어 과세 대상이 되므로 주의해야 한다.

종신형이라고 무조건 비과세 대상이 아니다

소득세법 시행령 25조에 따라 2013년 2월 15일 이후 가입했을 경우, 즉시연금을 포함해 종신형으로 연금을 받으면서 비과세 혜택을 받으려면 다음의 요건을 충족해야 한다.

① 55세 이후에 연금을 신청해야 한다.

② 연금으로만 받아야 한다.

③ 사망 시에 보험계약 및 연금 재원이 소멸해야 한다.

④ 계약자와 피보험자 및 수익자가 동일한 계약으로서 최초 연금 지급개시 이후 사망일 전에 계약을 중도 해지할 수 없어야 한다.

⑤ 매년 수령하는 연금액이 다음의 계산식에 따른 금액을 초과하지 않아

야 한다.

(연금수령 개시일 현재 연금계좌 평가액÷연금 수령 개시일 현재 기대

수명 연수)×3

이중 사망 시에 보험계약 및 연금 재원이 소멸해야 한다는 세 번째 규정에 주의해야 한다. 이 규정으로 인해 지급보증기간을 평균수명보다 짧게 설정해야만 비과세 혜택을 받을 수 있다. 종신형은 원래 연금을 개시하면 절대 중도 해지나 다른 방식으로 변경할 수 없다. 규정이 이렇다 보니 만일 1년 남짓 연금을 받고 사망할 경우에는 남아있는 연금을 받을 수 없어 가입자의 손해가 크다. 이에 대한 보완책으로 지급보증기간 내에 가입자가 사망하면, 남은 기간에 해당하는 연금을 유족들에게 주는 제도가 만들어졌다.

평균수명을 기준으로 연금개시 시점부터 향후 19년을 더 살 것으로 기대되는 즉시연금 가입자 A가 있다고 해보자. A가 종신형으로 연금을 받는 것을 선택했고 비과세 혜택도 함께 받고자 한다면, 이때는 지급보증기간을 19년보다 훨씬 짧은 10년이나 15년으로 설정해야 한다. 지급보증기간을 20년으로 설정하면 10년 이상을 유지해도 비과세 혜택이 적용되지 않는다.

네 번째로 계약자와 피보험자 및 수익자가 동일한 계약이어야 한다는 말은 쉽게 말해 상속이 안 된다는 뜻이다. 사망 시에 보험 계약 및 연금 재원이 소멸해야 한다는 내용과 겹치는 부분이기도 하다. 계약자(아버지), 피보험자(아들), 수익자(아버지)로 해서 아버지 생전에 종신형으로 이자만 지급받다가, 사망 후 자식에게 원금을 물려준다면 비과세 대상이 될 수 없다.

사업비가 높아서 비과세 효과가 제대로 나타나지 않는다

다른 저축성보험은 없고 즉시연금에만 가입해 비과세 한도인 2억 원을 채워 넣었다고 해보자. 초회 사업비가 8.8%라면 당장 1,760만 원이 사업비로 빠져 나간다. 이와 비교하기 위해 이번에는 또 다른 2억 원을 은행 예금에 예치했다고 가정해보자. 금리가 1.5%라면 예금의 이자소득세는 46만 2,000원, 금리가 3%라면 92만 4,000원이다. 설령 예금 금리가 5%라고 해도 세금은 154만 원에 불과하다.

현재 금융소득 과세기준 금액은 2,000만 원이다. 이 기준 내에서 금융소득이 변동하는 경우라면 다만 얼마라도 비과세 혜택을 받아 2,000만 원을 넘기지 않는 것이 유리하다. 하지만 2,000만 원의 기준을 어차피 채우지 못하거나 크게 넘는다면, 이자소득세를 내지 않겠다고 즉시연금에 가입해 과다한 사업비를 내는 것이 과연 합리적인 것일까?

즉시연금은 원래 금융종합소득세를 피하고 싶은 자산가를 위한 상품이었다. 그랬던 것을 부자들만을 위한 상품이라는 비판이 일자 납입원금 기준으로 2억 원까지 비과세 혜택을 주는 것으로 바꿨다. 그 탓에 현금부자에게도, 혹은 그렇지 않은 사람에게도 그다지 유리할 것이 거의 없는 상품으로 전락해버렸다. 게다가 가장 중요한 비과세 대상 여부는 비과세 요건을 충족할 수 있는가에 달려 있다. 조건을 못 채우면 사업비는 사업비대로 내고 비과세 혜택도 못 받는 애매한 상품일 뿐이다.

이것만은 꼭 알고 가자!

+ 즉시연금은 돈을 납입하는 순간 6~9%의 사업비를 떼어간다.
+ 비과세 조건을 채우지 못하면 값비싼 금융상품에 불과하다.
+ 2013년 2월 15일 이후 가입분부터는 비과세 선정 기준이 까다로워졌다.

10

100세 시대면
무조건 필요할까
_ 종신형 연금

평균수명의 증가로 100세는 당연하고 120세 시대마저 시간문제일 뿐이라 여겨지는 세상이다. 이처럼 평균수명이 늘어나는 상황에서는 죽을 때까지 연금을 받는 종신형연금을 선택하는 것이 유리하다는 말이 여기저기 떠돌고 있다. 하지만 정말로 종신형연금을 선택하는 것이 더 유리할까? 결론부터 말하자면 꼭 그렇다고 할 수 없다.

종신형 vs 확정형,
어느 것이 나을까

종신형 연금의 수령방식에는 크게 3가지가 있다. 10년, 20년 등 정해진 기간만 받는 확정형(유기형), 죽을 때까지 받는 종신형, 마지막으로 이자만 받다가 사망 후 원금을 상속인에게 주는 상속형이다. 이중 사망할 때까지 연금을 지급하는 종신형연금은 오로지 생명보험회사에서만 판매할 수 있다. 그 이유는 같은 보험회사임에도 손해보험회사는 '경험생명표'를 사용할 수 없기 때문이다. 경험생명표란 보험회사가 상품을 설계할 때 공통적으로 사용하는 통계표이다. 전 국민을 대상으로 하는 통계청의 국민생명표와는 달리 특정기간 동안 생명보험회사에 실제 가입한 계약자들을 대상으로 분석한 것이다.

경험생명표를 사용할 수 없는 손해보험회사는 종신형을 판매할 수 없고 최고 25년까지의 확정형만 판매할 수 있다. 그래서 종신형연금을 선택하라는 건 생명보험회사에서 판매하는 연금상품에 가입하라는 말과 같다.

종신형은 연금을 개시하고 한 번이라도 연금을 받으면 그 이후로는 수령방법을 바꿀 수 없고 중도 해지도 불가능하다. 종신형 가입자가 생전에 연금을 받다가 사망 직전에 수령 방법을 바꾸거나, 해지를 통해 남은 환급액을 청구할 가능성을 차단해 버리는 것이다. 이런 구조 때문에 종신형연금은 평균수명까지 살지 못하고 사망하면 손해이고 평균수명까지 살면 본전, 그 이상으로 생존해야만 이익이다.

30세 남성 K씨는 월 30만 원씩 10년간 납입하고 60세부터 연금을 받는 조건으로 가입을 고려 중이다. 종신형과 확정형 중 어느 방식이 조금 더 유리한지 판단이 서지 않아 예상 수령액을 비교해 보고 판단하기로 했다. 해당 보험회사 홈페이지의 시뮬레이션 프로그램을 이용한 결과는 다음과 같았다.

종신형과 확정형의 연금 수령액 비교

종신형(10년 보증)	60세 이후 연간 317만 원씩 수령		
확정형	10년 확정	20년 확정	30년 확정
	연간 771만 원	연간 441만 원	연간 334만 원

* 예시액은 매달 예정이율 변경으로 지급액수 변동

* 30세 남성, 보험료 30만 원, 10년 납, 60세 연금개시, 2015년 11월 기준

* S생명보험회사 E연금보험

현재 경험생명표상의 남자 평균연령은 81.4세이므로, 30세인 K씨는 앞으로 51.4년을 더 살 것으로 추정된다. 위 표를 통해 K씨가 종신형과 확정형으로 각각 받을 수 있는 예상 연금액을 계산해보자. K씨가 종신형을 선택할 경우 평균수명까지 산다는 가정하에, 60세부터 81.4세가 되기까지 21.4년간 연금을 지급받을 수 있다. 월 지급액은 25만 4,000원이고 총 6,783만 원을 받는다. 한편 20년 동안만 받는 확정형은 월 35만 7,000원을 받아 20년간 총 8,820만 원을 받게 된다. 종신형보다 2,036만 원을 더 받는 것이다.

평균수명을 채운다면 연금이 종료된 후 1년 4개월가량 더 살아야 하지만 예상 연금액이 더 많아 불리할 게 없다. 종신형으로 2,036만 원을 더 받으려면 6년 4개월을 더 살아야 하므로 평균수

명을 못 채우고 종료되었다고 해도 확정형이 유리하다. 이 말은 종신형을 선택하고 평균수명까지 산다 해도 사실상 본전이 아니라는 뜻이다. 종신형은 보증지급기간에 대한 부담과 평균수명이 가입 당시보다 늘어나 있을 것까지 감안하므로 연금액이 다른 상품보다 상대적으로 적다.

종신형연금, 평균수명보다 오래 살아도 이익이 아니다?

만일 K씨가 평균수명보다 더 오래 살 것을 염려해 90세까지 연금을 지급받도록 30년 확정형을 선택한다면, 종신형을 선택했을 때와 어떤 차이가 생길까? 앞에서 본 표에 따르면 30년 확정형은 총 1억 20만 원을 받게 된다. 종신형으로 30년을 받으면 총 9,510만 원을 받아 두 방식 사이의 차액은 5,100만 원으로 더욱 벌어진다. 그런데 종신형으로 연금을 받으면 16년을 더 살아야 5,100만 원을 메울 수 있다. K씨가 106세까지는 살아야 총 1억 20만 원을 지급받을 수 있는 것이다. 20년형을 선택했을 때보다 지급액수가 더 많아지는 것은 연금을 받고 있는 중이라도 적립액에 이자가 계속 붙기 때문이다.

상품마다 다소의 차이가 있고 중간에 적용되는 이율이나 평균수명의 변화에 따라 다를 수 있다. 그렇지만 평균수명이 크게 늘어나지 않는다면 종신형을 선택하는 것이 더 유리하다고 할 수 없다. 오래 살 것이 염려된다면 어떻게 하는 것이 좋을까? 65세에 연금을 개시할 경우 확정기간을 30년으로 설정하면, 종신형보다 많이 받으면서도 종신연금의 효과가 나타날 것으로 기대할 수 있다.

사실 K씨는 가입 시점에 종신형과 확정형 사이에서 고민할 필요가 없다. 연금개시 신청 전까지 지급 유형을 바꿀 수 있기 때문이다. 이보다 더 중요한 고민은 따로 있다. 개인연금상품은 장기 금융상품이므로 연금보험을 선택하는 것이 유리할지, 유리하다면 여러 회사의 상품 중 어느 것을 선택해야 하는지가 더욱 중요하다.

보험회사는 절대로 손해 보는 상품을 개발하지 않는다. 보험회사가 특정 상품을 만들어 판매하면서 대대적으로 홍보를 한다는 것은, 그 시점에서 이익을 낼 수 있다는 확신이 섰기 때문이다. 그러므로 100세 리스크를 대비해 종신형을 선택하라는 조언이 요즘 특히 넘쳐나는 것은, 그만큼 100세까지 연금을 받을 수 있는 사람이 많지 않다는 방증이기도 하다.

종신형연금, 생존이익이 발생할 수도 있다

지난 2000년, 30세이던 L씨는 55세부터 연금을 지급받는 조건의 종신형연금에 가입했다. 연금보험은 가입 시점의 경험생명표를 적용받는다. 평균수명이 증가하더라도 신규 가입자를 대상으로 반영하지 기존 가입자에게는 반영하지 않는다.

L씨가 계약할 당시 평균수명은 68.4세였지만 지금은 81.4세로 13년 늘었다. 보험회사는 13년만큼 생존손해가 발생했고 L씨는 13년만큼 생존이익을 얻은 셈이다. L씨는 현재 46세이므로 55세가 되려면 아직 시간이 남아 있다. 평균수명이 연장될수록 L씨의 생존이익이 커질 것이다. 이처럼 생존이익이 나는 상품이라면 해지하거나 연금 수령방식을 바꾸지 말고 유지하는 것이 가입자에게는 이득이다.

반면 생명보험회사들은 저금리로 인한 손실도 크지만 생존손해가 발생하는 상품들로 인해 골머리를 앓고 있다. 때문에 낮은 평균수명이 적용된 종신형 가입자로 인한 손실을 털어버리기 위해 계약자에게 다른 상품으로 갈아탈 것을 권유할 수도 있다. 당연히 가입자에게는 손해이므로 보험회사의 권유에 쉽게 넘어가서는 안 될 것이다.

경험생명표 예시

구분	평균수명		적용기간
	남자	여자	
제1회	65.8세	75.7세	1988.10 ~ 1991.07
제2회	67.2세	76.8세	1991.08 ~ 1996.12
제3회	68.4세	77.9세	1997.01 ~ 2002.12
제4회	72.3세	80.9세	2003.01 ~ 2006.03
제5회	76.4세	84.4세	2006.04 ~ 2009.09
제6회	78.4세	85.3세	2010.10 ~ 2012.06
제7회	80.0세	85.9세	2012.07 ~ 2015.03
제8회	81.4세	86.7세	2015.04 ~

출처 : 보험개발원

경험생명표가 변경되면 보험료가 인상된다고?

2015년 하반기 8차 경험생명표로 바뀌기 직전, 한 케이블TV에서 보험 전문가로 소개된 패널이 연금보험에 대해 이런 이야기를 했다.

"빨리 시작할수록 좋습니다. 경험생명표가 바뀐다는 것은 연금

지급표가 바뀐다는 것입니다. 지금도 100세 시대인데 의료기술이 더 좋아지면 더 오래 살겠죠. 그래서 보험회사에게는 연금액을 오랫동안 지급하는 것이 상당한 리스크입니다. 연금지급률 자체가 계속 떨어질 겁니다."

— A경제TV 2015년 9월 방송 내용 중 발췌

경험생명표가 바뀌기 1년 전부터는 이를 이용한 마케팅이 홍수를 이룬다. 신규 가입자를 대상으로 '평균수명 증가 → 생존율 상승 → 연금 수령기간 증가 → 연금 수령액 감소'로 이어지므로 하루라도 빨리 가입하는 것이 이익이라고 말한다.

평균수명이 늘어나면 개별 보험상품이 영향을 받는 것은 사실이다. 사망보험의 경우 평균수명이 연장되면 사망보험금의 지급시기가 늦춰지고, 이는 신규 가입자들의 보험료 인하로 이어진다. 평균수명이 연장된 만큼 받은 보험료를 이용해 이익을 낼 수 있는 기간이 증가하면서 보험금 지급은 늦춰지기 때문이다. 반면 연금보험은 살아있을 때 받는 생존보험이어서 종신형 선택자에게 내줘야 할 연금이 증가한다. 그래서 신규 가입자 입장에서는 보험료가 오르는 요인이 된다.

그러나 확정형 연금은 경험생명표와 상관없다. 평균수명의 증가와 관계없이 정해진 기간만큼 연금을 지급하면 그만이다. 그런데도 앞에서 언급한 방송의 경우, 종신형에 한정한 것이라는 설명은 끝까지 없었다. 그저 소비자들을 현혹하고 가입을 유도하기 위한 '절판 마케팅'에 불과한 것이다.

해당 방송에서는 나오지 않았지만 생존이익을 얻기 위해 빨리 가입하라고 권유하는 경우도 있다. 그런데 평균수명 증가 추세가 완화된다는 것은 점차 생명보험회사를 상대로 생존이익을 얻을 기회나 폭이 줄어든다는 의미이다. 이제는 변수가 없는 한 신규 가입으로 생존이익을 크게 얻을 수 있는 시기가 아니다. 이제 더 이상 경험생명표 마케팅에 속아 조급하게 가입하지 말자.

이것만은 꼭 알고 가자!

+ 실제로 100세까지 연금을 받을 수 있는 사람은 많지 않다.
+ 평균수명이 획기적으로 증가하지 않는 한, 연금은 종신형보다는 확정형으로 기간을 길게 설정해 받는 것이 유리하다.
+ 평균수명보다 오래 살아 생존이익이 발생하는 상품을 갖고 있다면 종신형 연금을 받는 것이 이득이다.

II

절세 효과,
정말로 뛰어날까
_ 연금저축

해마다 연말정산 시기가 되면 연금저축계좌의 판매 실적이 대폭 증가한다. 장기적인 시각에서 심사숙고한 결과라기보다는 세액공제를 받으려는 사람들이 많기 때문이다. 연금저축계좌는 연간 납입액 중 400만 원 한도로 세액공제를 받을 수 있다. 그런데 가입자의 상당수가 세액공제라는 당장의 혜택만 알고 있을 뿐, 감수해야 할 불이익에 대해서는 거의 알지 못해 나타나는 문제가 심각하다.

세액공제 받고 해지했다가 원금만 놓친다

개인연금저축은 세제 혜택을 최대 강점으로 내세운다. 직장에 다닐 때는 연말정산 시 세액공제를, 연금을 받을 때는 저율의 연금소득세로 분리과세 혜택을 받을 수 있다. 하지만 대부분의 금융회사들이 이런 혜택은 충분히 설명해주는 반면 중도 해지하거나 연금으로 받지 않으면 어떤 불이익이 기다리고 있는지는 제대로 설명해주지 않는다.

금융회사로부터 중도 해지 시 받는 불이익을 듣지 못했다 하더라도 불완전판매로 인정받기는 사실상 어렵다. 금융회사에서는 연금저축을 판매만 했을 뿐 세금은 금융회사의 소관이 아니다. 또한 따로 설명을 해주지 않았어도 상품소개서나 약관 등에 관련 내용이 모두 들어 있다. 그래서 이 경우에는 설명서를 꼼꼼하게 읽지 않은 가입자의 책임이다.

공제받은 것보다 더 많은 세금을 물어야 할 수도

연금저축은 소득 수준별로 세액공제 세율이 결정된다. 연봉이 5,500만 원 이하이면 16.5%의 세율을, 넘어서면 13.2%의 세율을 적용한다. 그런데 연금을 받기 전에 중도 해지하면 그간 공제받았던 세금을 도로 다 내놓아야 한다. 이때 16.5%의 기타소득세가 새롭게 적용된다. 때문에 연봉이 5,500만 원을 넘는 사람은 중도 해지하면 무조건 손해이다. 이는 16.5%의 세율을 적용받았더라도 마찬가지이고 심지어는 원금 손실이 발생할 수도 있다.

3년 동안 매년 500만 원씩 연금저축에 납입했고 누적수익이 120만 원이라고 해보자. 매년 저축한 500만 원 중 세액공제가 가능한 한도는 최대 400만 원이다. 매년 전체 납입액 중 100만 원을 제외한 400만 원에 대한 세액공제를 받았다면, 3년간 돌려받은 총 환급액은 198만 원 혹은 158만 4,000원이다.

- 연봉 5,500만 원 이하, 16.5% 세율 적용 시

  → 400만 원 × 16.5% × 3년 = 198만 원

  → 세액공제 미적용 금액 300만 원

- 연봉 5,500만 원 초과, 13.2% 세율 적용 시

  → 400만 원 × 13.2% × 3년 = 158만 4,000원

  → 세액공제 미적용 금액 300만 원

만일 중도 해지한다면 납부해야 할 기타소득세는 217만 8,000원이다. 환급받은 돈보다 더 많은 금액을 세금으로 내야 하는 것이다. 이런 사태가 벌어지는 이유는 세액공제 적용대상이었던 돈과 전체 수익에 대해 기타소득세가 부과되기 때문이다. 단, 세액공제를 받지 않았던 돈의 원금에 한해서는 비과세 혜택이 적용된다.

- 세액공제를 받은 원금 400만 원 × 3년 + 그간 얻은 총 수익 120만 원

  = 1,320만 원

  → 기타소득세 : 1,320만 원 × 16.5% = 217만 8,000원

기타소득세로 217만 8,000원을 내야하므로 이 사례에서는 납입원

금 가치가 하락했다. 원금을 기준으로 이익은커녕 19만 8,000원 혹은 59만 4,000원이라는 손실이 생겼다.

- 16.5%의 세액공제를 받았을 때
→ 217만 8,000원 - 198만 원 = 19만 8,000원 손실

- 13.2%의 세액공제를 받았을 때
→ 217만 8,000원 - 158만 4,000원 = 59만 4,000원 손실

이처럼 경우에 따라서는 중도 해지로 인해 오히려 손실이 발생할 수도 있다.

중도 해지가 염려된다면 차라리 일반 상품을

이번에는 비슷한 성격의 일반 금융상품에 3년 동안 매년 400만 원씩 납입했고 3년간 누적 수익이 120만 원이라고 해보자. 이때 내야 할 세금은 단지 18만 4,800원이다. 납입원금에 대해 공제 등을 받은 것이 아니므로 내야 할 세금이 없다. 수익인 120만 원에 대해

서만 15.4%의 이자소득세가 부과된다. 그러므로 연금을 받을 때까지 연금저축을 유지할 자신이 없다면 차라리 일반 금융상품 등을 이용하는 것이 훨씬 유리하다.

한편 연금저축의 세액공제 한도인 400만 원을 넘겨 저축했거나 전업주부 등 세액공제 대상자가 아니어서 저축을 하고도 공제를 받지 못하는 경우가 있다. 그런 경우 중도 해지하면 원금에 한해서

연금저축 중도 해지 시 적용되는 기타소득세

구분	2012년 이전 가입	2013년 1~2월 가입	2013년 3월 이후 가입
해지가산세	5년 이내 해지 시 2.2% 부과		해당 없음
특별 중도 해지 (해지가산세 면제)	- 저축자의 사망, 퇴직, 해외 이주, 폐업, 3개월 이상 요양 - 금융기관의 영업정지, 인허가 취소, 해산 결의, 파산 선고 - 천재지변		해당 없음
부득이한 연금 외 수령 인정내용 (이때는 연금소득세 3.3~5.5% 부과)	해당 없음	- 저축자의 사망, 퇴직, 해외 이주, 폐업, 3개월 이상 요양 - 금융기관의 영업 정지, 인허가 취소, 해산 결의, 파산 선고 - 천재 지변	
연금 외 수령	기타소득세 16.5%		

* 관련 세법 개정에 따라 변경될 수 있음

비과세 혜택을 받을 수 있지만 수익금에는 기타소득세가 적용된다. 결과적으로 세액공제를 받지 않았더라도 일반 상품에 가입을 했을 때보다 1.1%의 세금을 더 내는 것이다. 만일 연금저축펀드로 국내주식형 펀드에 투자해 얻은 이익이라면 내지 않아도 되는 세금을 내는 억울한 상황이 될 수도 있다. 국내 주식매매차익은 비과세 대상이므로 국내주식형 펀드 내에서의 주식 매매차익 역시 비과세 혜택을 받을 수 있기 때문이다.

중도 해지하면 엉뚱한 세금을 낼 수도 있다!

금융상품을 중도 해지할 경우 세금은 원천징수 형태로 먼저 내고 나머지를 받게 된다. 이때 반납해야 하는 세금을 금융회사에서 과대계상하는 경우가 있다. 예를 들어 직장을 그만두고 세액공제를 받을 일이 없는데도 한동안 연금저축을 유지했다고 해보자. 공제받지 않았다면 세금을 반납할 이유가 없지만, 금융회사에서는 그동안 계속해서 공제를 받은 것으로 가정하고 세금을 계산한다. 만약 금융회사의 실수로 세금을 더 냈다면 3년 안에 세무당국에 정정 청구를 하고 돌려받아야 한다. 3년이 지나면 청구자격을 상실하니 유의하자.

　요즘은 금융회사가 상품을 해지할 때 소득공제 확인서 등의 제출을 요구해 이런 상황을 막기 위해 노력한다. 그럼에도 혹시 모르니 중도 해지하게 된다면 세액을 직접 확인해보는 것이 좋다. 금융감독원에서는 2017년까지 연금저축 과세자료 조회시스템을 구축해 중도 해지와 관련한 기타소득세 징수 문제를 해결하겠다고 밝혔다. 이렇게 되면 앞으로 금융회사 영업점 창구에서도 연금납입 확인서를 볼 수 있게 된다. 또한 소득공제 확인서도 온라인으로 즉시 발급받을 수 있어 기타소득세를 과대계상하는 실수는 점차 사라질 것이다.

12

'무늬만 연금'의 달콤한 유혹
_ 종신보험

종신보험의 본질은 고액의 사망보장보험이다. 그런데 최근 사망보장만으로는 상품 판매가 어려워지면서 연금보험과 유사하게 변형된 종신보험이 판매되고 있다. 보험회사들은 특약을 이용해 연금으로 받을 수도 있고 사망보험금도 받을 수 있는 전천후 상품이라고 홍보한다.

하지만 보장성보험은 저축성보험과 달리 사업비가 매우 높다. 종신보험 역시 대표적인 보장성보험으로 높은 위험보험료와 사업비 때문에 제대로 된 연금액을 받을 수 없다. 사망보험금 대신 연금으로도 받을 수 있다는 것일 뿐, 구체적으로 얼마의 연금액을 받을 수 있는지도 제시하지 못하는 '짝퉁 연금'인 것이다.

종신보험 연금액,
약속한 것의 10%밖에 안 된다?

최근 '연금 받는'이라는 수식어를 달고 종신보험이 연금처럼 판매되고 있다. 100세 시대가 본격화되면서 사망보험금을 연금이나 생활비로 미리 당겨 받아 쓸 수 있다는 것이 핵심이다. 종신보험이지만 동시에 연금보험의 형태를 취한 것으로 획기적이라는 장점만 부각된 채 판매되고 있다.

결론부터 말하면 종신보험은 연금 목적으로는 절대 가입해서는 안 되는 상품이다. 이 상품은 다른 연금보험과는 달리 보험료 대비 연금액이 얼마인지 가입안내서에 명시하지 않고 있다. 그 이유는 종신보험은 30~40%의 사업비를 부가하고 있으며 나머지가 전부 위험보험료이기 때문이다. 위험보험료만 가지고 준비금을 적립하므로 준비금이 매우 적을 수밖에 없다. 이를 중간에 연금으로 당겨 받는다면 어떤 일이 벌어질까? 애초부터 준비금을 적립한 상품과 비교하면 실질적인 연금 수령액은 엄청난 차이가 날 것이다. 애시당초 제시된 금액의 10%도 되지 않을 것으로 예상된다.

그럼에도 소비자들은 이 상품의 문제가 무엇인지 모른 채 가입하고 있다. 10년이나 20년 후 연금을 받게 되면 황당해하며 민원을 제기하게 될 것이 자명하다. 하지만 아무도 책임지는 사람이 없어 가입자들이 그 피해를 고스란히 떠안게 될 것이다. 금액도 명시되지 않은 채 그저 '연금으로 받을 수도 있다'는 약관의 문구가 엄연히 존재하고 있기 때문이다.

종신보험의 2가지 연금 전환방식

종신보험의 연금 전환방식에는 두 가지가 있다. 약관에는 '연금 전환 특약' 혹은 '연금 전환 특칙' 등의 용어로 정리되어 있다.

‖ 연금 전환 특약

종신보험의 주계약인 사망보장금을 부분 또는 전부 해약하는 방식이다. 전환 시점의 해지환급금을 연금보험으로 전환한다. 특약으로 별도의 사업비를 부가하지 않는다. 대부분의 종신보험, CI보험에 연금 전환 특약이 부가되어 있다.

‖ 연금 선지급 특약

종신보험의 주계약을 해약하지 않은 상태에서 사망보험금을 미리 당겨 쓰는 방식이다. 사망보험금 액수의 최고 80% 내에서 활용할 수 있다. 연금으로 전환하는 금액만큼 사망보험금이 줄고 보험을 해약하는 방식이 아니므로, 연금으로 전환해도 가입자가 별도의 비용을 부담하지 않는다.

　보험회사에서는 연금 선지급 특약이 포함된 종신보험은 기존의 종신보험과는 달리 연금 전환 시 별도의 수수료가 없어 이익이라고 설명한다. 결론부터 말하면 절대 그렇지 않다. 55세에 연금 선지급을 신청한다고 해보자. 사망보험금으로 나중에 내줘야 할 돈을 그대로 빼주면 보험회사로서는 손해를 입는다. 그래서 예정이율만큼의 할인율을 적용한 후 남은 돈을 내주는 것이다. 현재 적용되는 할인율은 대개 3~3.25%이다.

종신보험으로 연금 타기, 현명한 판단일까

10명 중 9명이 중도 해지하는 종신보험

종신보험은 여유자금이 부족해지면 해지 1순위가 되기 쉬운 보험이다. 매달 납입하는 보험료가 최소 10만 원 이상으로 부담이 큰데다가 피보험자가 죽어야만 보험금이 나오기 때문에 중도 해지율이 높다. 국내 20군데 생명보험회사가 2005년 8월에 맺은 종신보험 계약 중 2015년 6월까지 유지되고 있는 계약은 36%에 불과하다. 보험료 납입기간을 끝까지 채우는 경우는 10명 중 겨우 1~2명 정도에 그친다.

노후 준비를 위해 연금보험에 가입하려 했지만 설계사가 종신보험을 권했다. 사망 시 가족들이 보장받을 수 있고 필요하면 연금처럼 활용할 수 있다고 했기 때문이다. 몇 달 후 기존 보험과 보장 내용이 중복되고 보험료도 부담되어 해지를 신청했지만 돌려받을 돈이 하나도 없었다.

종신보험은 중도 해지가 많은 만큼 소비자들의 민원 또한 많이 발생한다. 전체 불완전판매 민원 중 종신보험과 관련한 것이 30%를 차지할 정도로 많다. 불만의 상당수는 사례에서처럼 중도 해지 환급금이 형편없다는 것이다.

물론 연금보험 역시 중도 해지율이 높은 것은 같다. 하지만 사업비와 위험보험료가 훨씬 높은 종신보험에 연금 전환 기능을 집어넣어봤자 별 의미가 없다. 거기에 물가상승률까지 감안하면 현재 열심히 보험료를 납입해봤자 미래에는 '껌 값 연금'으로 전락할 것이 불 보듯 뻔하다.

종신보험은 1997년 외환위기 직후부터 가입자가 꾸준히 늘었고, 정점을 찍었던 2008년에는 전체 가구 중 48.3%가 가입했다는 통계가 있다. 금융위원회는 당시 두 집 중 한 집이 종신보험에 가입한 점에 착안해 이를 연금받는 보험으로도 활용할 수 있도록 했다. 베이비붐 세대의 노후소득이 충분치 않다는 점을 감안해 사망보험금을 당겨 쓸 수 있게 하는 것이 그 취지였다.

하지만 순수한 의도와는 달리 막상 뚜껑을 열고 보니 엉뚱한 결과가 나왔다. 이제 막 은퇴를 시작했거나 이미 은퇴 상태인 초기 종신보험 가입자의 상당수는 사망보험금을 미리 당겨 쓸 수 있는 '연금 선지급 특약'의 혜택을 받지 못한 것이다. 사망보험금을 연금 재원으로 활용하려면 기존 방식과 마찬가지로 중도 해지 후 연금상품에 재가입해야 한다. 연금 전환 특약이 부여된 상품도 마찬가지이다. 결국 기존 가입자 입장에서는 아무것도 달라진 것이 없고, 신규 가입자들만 연금 선지급 특약이 들어간 종신보험을 선택할 수 있었다.

2014년에도 사망보험금을 연금으로 전환할 수 있는 상품이 판매된 적이 있다. 그때 역시 지금처럼 장점이 많은 상품으로 소개되며 인기를 끌었다. 하지만 출시된 지 몇 달이 지나지 않아 금융감독원에서는 9개 생명보험회사들로 하여금 판매중지 및 리콜을 지시했다. 종신보험을 연금보험이나 저축보험으로 오인해 손해만 봤다는 가입자들의 민원이 빗발쳤던 것이 이유였다.

그러나 이후 금융감독원의 상급기관인 금융위원회가 종신보험

재출시를 주도해 2015년 4월부터는 다시 판매되고 있다. 보험회사들은 재출시 이후에는 불합리한 내용들이 달라졌다고 하지만 실질적으로 같은 상품이며, 가입자들이 제기하는 민원 내용 역시 비슷하다.

종신보험에 아무리 연금 선지급 특약이라는 포장을 씌웠다고 해도 상품의 본질이 변하지는 않는다. 연금보험도 저금리 상황에서 맥을 못 추는 판에, 종신보험의 연금 선지급 특약이 처음부터 이를 따라잡을 수 없음은 명백하다. 다시 말하지만 연금 받는 종신보험에 그래도 가입하겠다면 절대로 연금에 초점을 두어서는 안 된다.

이것만은 꼭 알고 가자!

+ 사업비가 30~40%나 되는 종신보험을 노후대비용으로 선택하는 것은 엄청난 오판이다.
+ 종신보험은 사망보장보험일 뿐 절대로 연금보험이 될 수 없다.

13

소문만 난 잔치에 먹을 건 없더라 _퇴직연금

1년 근속에 1개월치 급여를 퇴직금으로 지급하는 법정 퇴직금제도는 퇴직급여를 보장해주려는 취지로 시작되었다. 그러나 회사가 파산하거나 사업주가 고의적으로 지급하지 않으면 무용지물이라는 한계점이 있었다. 이런 점을 개선하고 근로자 입장에서는 노후생활자금으로 활용할 수 있도록 2005년에 도입된 것이 퇴직연금제도이다.

그런데 대부분의 직장인들이 이직을 할 때마다 얼마 되지 않는 퇴직금을 흐지부지 써버리는 경우가 많다. 이렇게 퇴직금이 중간에 사라지는 것을 막기 위한 장치로 도입된 것이 개인형 퇴직연금(IRP)제도이다.

회사가 알아서 해주는 시대는 저물고 있다

우리나라의 퇴직연금제도는 아래와 같이 크게 3가지로 나눌 수 있다.

‖ 확정급여형(Defined Benefit, DB형)

기업이 퇴직연금의 운용 주체가 되어 모든 것을 책임진다. 퇴직금을 사내가 아닌 사외로 적립한다는 것만 다를 뿐 기존의 퇴직금제도와 동일하다. 회사는 퇴직금을 외부 금융회사에 맡겨 운용하며 이 과정에서 이익이 나든 손실이 나든 무조건 회사의 책임이다. 근로자는 사외 적립금의 이익 발생 여부와 상관없이 퇴직할 때 정해진 액수(퇴직 전 3개월 평균 임금×재직기간)의 퇴직금을 받게 된다. 부도날 우려가 없고 물가상승률보다 임금상승률이 높은 사업자, 직급 상승 기회가 많은 근로자에게 유리하다.

‖ 확정기여형(Defined Contribution, DC형)

회사에서 매년 퇴직금을 산정해 퇴직연금 통장으로 지급한다. 일종의 퇴직금 중간정산 형태로 매년 정산을 받는 것이다. 근로자 개인은 직접 정기예금, 펀드 등을 통해 이를 관리해야 한다. 투자에 능한 근로자이거나 체불 위험이 있는 기업일 경우 유리하다.

‖ 개인형 퇴직연금(Individual Retirement Pension, IRP)

회사를 옮겨 다니더라도 하나의 통장으로 여러 곳에서 받은 퇴직금을 관리할 수 있는 금융상품이다. 퇴직연금에 가입한 근로자와 퇴직금을 수령한 퇴직자가 가입할 수 있다. IRP계좌에 퇴직금을 모아두면 돈을 인출할 때까지 퇴직소득세가 부과되지 않는다. 즉 퇴직소득세를 합법적으로 내지 않은 상태에서 여러 대상에 투자해 퇴직금을 불려나갈 수 있다. IRP를 활성화하기 위해 나라에서는 퇴직금이 아닌 돈을 연간 한도 1,200만 원 이내에서 추가로 적립하면 납입원금에 대해 최대 700만 원까지 세액공제를 받을 수 있다.

2010년 기준으로 퇴직연금에서 DC형의 비중은 22%까지 늘어났다. 2019년에는 DC형이 DB형을 추월할 수 있다는 전망이 지배적이다. 회사가 적당히 알아서 퇴직금을 관리해주던 시대는 저물어가고 있다. 개인의 투자 능력에 따라 은퇴 후 생활의 질이 달라지는 것이다. 퇴직연금 수익률을 2015년 말 기준으로 살펴보면 대개 증권사, 손해보험회사, 생명보험회사, 은행 순으로 높았다. 또 유형별로는 DC형, DB형, IRP 순으로 높았다.

퇴직연금 수익률

권역 상품	연간 총비용 부담률	전체		원리금 보장형		원리금 비보장형	
		5년	7년	5년	7년	5년	7년
금융회사 평균	0.49	3.19	3.39	3.23	3.02	2.27	4.25
IRP	0.40	2.96	2.53	2.89	2.11	2.05	3.10
DB	0.43	3.23	3.55	3.25	3.46	2.07	4.36
DC	0.65	3.38	4.10	3.55	3.49	2.70	5.30

* 2015년 기준, 고용노동부 퇴직연금 홈페이지 참조
* 연평균 수익률은 각 연도별 산출한 수익률의 기하평균값
* 연간 총비용부담률은 (수수료+펀드보수+펀드판매 수수료)를
연말 퇴직연금 적립금으로 나누어 산출한 값

퇴직금으로 위험자산에 투자해라?

DC형과 IRP는 가입자가 선택한 금융회사의 상품 내에 편입된 여러 투자 대상 중 하나 혹은 여러 개를 선택해 퇴직금을 관리하는 구조이다. 은행예금 같은 원금보장형을 이용해도 상관없지만 저금리 상황에서는 그다지 좋은 방법이 아니다. 이보다는 펀드를 이용한 적절한 투자가 낫다. 금융당국은 주식형 펀드에도 적극적으로 투자해 수익을 높이라는 뜻에서 2015년 7월부터 위험자산의 투자 비중을 40%에서 70%로 높여주었다. 일각에서는 위험자산 투자 비중을 100%로 하자는 주장도 나온다.

하지만 이는 알고 보면 굉장히 위험한 발상이다. 정책 입안자들은 물론 전문가들조차도 여기에 숨은 위험을 제대로 인지하지 못하는 것 같다. 어쩌면 모르는 것이 아니라 알지만 숨기는 것일지도 모른다는 생각마저 든다. 위험자산의 투자 비중을 높이자는 것은, 국내 주식시장에 유입되는 돈을 늘려 주식시장의 안전판을 만들기 위해서가 아닌가 하는 생각 말이다.

실제로 주식시장에 장기간 들어오는 자금이 많아질수록 돌발 상황이 나타나도 시장이 안정성을 유지할 수 있다. 국내 퇴직연금 적립금은 2015년에 이미 110조 원을 넘어섰고 2024년에는 430조 원까지 늘어날 전망이다. 이 정도 규모의 자금이면 주식시장에 큰 도움이 된다.

개인연금저축에서와 마찬가지로 국내주식과 주식형 펀드의 주식 매매차익은 비과세 대상이다. 그렇지만 연금저축펀드를 이용하던 퇴직연금을 DC형 혹은 IRP계좌를 통해 주식형 펀드에 투자하면 연금소득세 과세 대상이 된다. 세금을 내지 않아도 되는 돈에 세금을 부과하는 납득하기 어려운 상황이 나타나는 것이다. 그런데도 개인들에게는 단지 주식형 펀드의 투자 비중을 늘리라는 식으로만 설명하고 있다.

현재 연금저축과 퇴직연금을 이용한 해외 투자는 극히 미미하다. 2012년 기준으로 해외 투자가 차지하는 비중은 퇴직연금 0.7%, 연금저축 0.4%이다. 이들 상품을 이용해 국내주식형 펀드에 투자하는 사람들은 당장은 세금을 내지 않고 있다. 그러나 중도 해지 등 연금 외로 받을 경우와 연금으로 받을 경우 모두 내지 않아도 될 세금을 연금소득세 혹은 기타소득세로 내야 한다.

퇴직연금, 알아야 불린다

DC형의 퇴직금 정산방식은 간단하다. 회사가 매년 임금 총액의 1/12 이상을 개인명의 퇴직연금계좌에 넣어주는 것으로 끝난다. 월 급여가 200만 원인 근로자가 3년 근속을 했다고 가정하고 DB형과 DC형의 퇴직금을 비교해보자. 임금상승률은 매년 5%로 가정한다.

퇴직연금 유형별 퇴직금

근속기간	확정급여형(DB)	확정기여형(DC)
1년	200만 원	200만 원
2년	210만 원	210만 원
3년	220.5만 원	220.5만 원
퇴직금	661.5만 원 (220.5 × 3년)	630.5만 원 + 운용실적 (200 + 210 + 220.5)

* 월 급여는 200만 원, 3년 근속, 임금상승률은 매년 5% 인상, 매월 같은 금액 수령 가정

위 표를 통해 안정적으로 급여가 오른다는 가정하에서는 DB형을 선택하는 것이 훨씬 유리함을 알 수 있다. 하지만 개인이 퇴직

연금의 운용방식을 선택하지는 못한다. 입사한 기업이 어떤 방식을 도입했느냐에 따라 결정될 뿐이다. 두 방식 모두 채택한 기업들도 있긴 하지만 드물다. 그러므로 DC형 가입자는 좋든 싫든 DB형과의 차이를 극복하기 위해 별도로 투자해야만 한다.

그런데 DC형 가입자의 95%는 원금보장형 상품에 퇴직금을 묻어둔다. 퇴직금에 대해 신경 쓰는 것을 싫어하기 때문이다. 지난 10년 간 연평균 임금상승률은 4.1% 정도 된다. 지금 같은 추세가 이어진다고 가정하면, DC형 가입자는 매년 4.1%의 수익을 얻어야 DB형 가입자와 비슷한 금액을 얻을 수 있다. 원금보장형 상품에 묻어두기만 해서는 불가능한 것이다.

이처럼 퇴직연금이 형식적이고 유명무실하다는 것은 분명 풀어내야 할 숙제이다. 그렇지 않다면 초등학생에게 고차함수를 던져놓고 참고서를 보면 해결할 수 있으니 혼자 해보라는 것과 같다. 퇴직연금 운용 시 나타나는 투자로 인한 손실이나 반대로 투자를 전혀 하지 않아 오는 원금 가치 훼손 등의 문제점은 오로지 개인들이 부담해야 한다. 이런 상태가 개선되지 않는다면 퇴직연금의 최고 수혜자는 수수료 수익을 얻는 연금사업자들이 될 것이다.

중도 인출이 어려워 손실이 늘어난다

퇴직연금은 개인연금과는 달리 단순 중도 인출이 어렵다. DB형의 경우 중도 인출하려면 퇴사 외에는 방법이 없고, DC형과 IRP는 제한적으로 허용된다. 무주택자의 주택 구입, 본인이나 부양가족이 6개월 이상 요양할 경우, 개인파산이나 개인회생 절차 개시, 천재지변 등 4가지 예외적인 경우에만 가능하다.

DC형의 경우 퇴직 이외에는 계좌해지를 할 수 없다. 세액공제액을 늘리기 위해 IRP에 추가로 적립했거나 이전 회사의 퇴직금을 넣어둔 경우, 위에서 언급한 4가지 사유 외의 이유로 적립금을 인출하려면 중도 해지할 수밖에 없다.

중도 인출을 강하게 제한하는 것은 노후소득 보장기능을 강화하기 위해서이다. 그렇지만 전세가격이 올라서 목돈이 필요하거나, 자녀의 교육비가 필요할 때처럼 예기치 못한 돈이 필요해지면 IRP 가입자들은 결국 계좌를 해지할 수밖에 없다. IRP를 해지하면 이전 회사에서 받은 퇴직금에 대해 그동안 유예되었던 퇴직소득세를 내야 한다. 또한 퇴직금 이외로 추가 적립해 세액공제 혜택을 받은 자금과 전체 운용수익에 대해서는 기타소득세가 부과된다.

임금피크제,
알고 보면 내 퇴직금을 줄인다?

의도와는 다르게 엉뚱한 결과를 부르는 것들이 있다. 임금피크제가 바로 그렇다. 공기업과 공공기관, 300인 이상 사업장 근로자의 정년이 60세로 의무화되고 민간 기업까지도 정년 연장이 강요되는 분위기이다. 그러자 기업들은 고용기간을 늘려주는 대신 발생하는 부담을 줄이기 위해 임금을 깎는 임금피크제를 도입하려 하고 있다. 현재 임금피크제를 도입한 곳은 민간 기업이 17%, 공기업과 준 정부기관이 31% 정도로 많지 않으나 비중이 점차 커질 것은 분명하다.

정부 차원에서 정년 연장을 밀어붙이는 이유는 노후준비 기간을 늘리려는 데 있다. 그런데 아이러니하게도 바로 이것이 퇴직연금

시장의 70% 정도를 점유한 DB형 가입자들의 퇴직금을 줄이는 결과를 몰고 온다. DB형 가입자인 A씨가 현재의 정년 기준인 55세에 퇴직한다고 가정해보자. 퇴직 직전 3개월 평균 임금은 월 500만 원이고 재직기간은 20년이라면 퇴직급여로 받는 돈은 500만 원×20년=1억 원이 된다.

이제 회사가 정년을 55세에서 60세로 연장하는 대신 매년 임금을 10%씩 삭감하는 임금피크제를 적용한다고 해보자. A씨는 56세부터 매년 10%씩 급여가 깎여 60세에는 월 295만 원으로 급여가 줄어든다. 그러면 A씨의 퇴직금은 얼마가 될까?

5년 동안 일을 더 했기 때문에 퇴직금이 늘어났을 것으로 생각하기 쉽다. 하지만 실제로는 약 297만 원×25년=7,413만 원으로 줄어든 상태이다. DB형은 퇴직 직전의 3개월 평균 급여에 근속연수를 곱하는 방식이어서 줄어든 급여가 반영된다. 결과적으로 5년을 더 근무하면 회사로부터 받는 총 임금액은 늘어나지만 퇴직금은 줄어든다.

그러나 DC형은 원래의 정년이었던 55세까지 받은 퇴직급여 액수가 변하지 않는다. 임금피크제로 더 오래 일하게 되면 줄어드는 급여만큼 퇴직금이 쌓이는 정도가 작아질 뿐이다. DB형 가입자인 A씨가 임금피크제에서 발생하는 문제를 해결하려면 60세까지 적립된 퇴직금을 중간정산해 IRP에 넣어두면 된다. 그리고 남은 기간 동안의 퇴직급여는 DC형으로 받는 것이다. 만약 5년 동안 IRP나 DC계좌에서 아무런 수익이 나지 않는다 해도 60세 때 받을 퇴직금을 원금만 1억 2,549만 원으로 불릴 수 있다.

문제는 근로자 마음대로 DB형에서 DC형으로 바꿀 수가 없다는 데 있다. 이 두 가지를 모두 채택하고 있는 회사일 경우에만 퇴직금의 중간정산을 통한 변경이 가능하다. 현재 두 유형을 다 채택한 기업은 전체의 3%도 안 된다. 기업이 DB형만 채택하고 있다면 퇴직금 중간정산 자체가 불가능하다. 그렇다고 방법이 전혀 없는 것은 아니다. 기업과 근로자들이 협의하여 별도의 퇴직금 지급규정 특례를 만들거나 DC형을 추가 도입하면 이를 해결할 수 있다.

이것만은 꼭 알고 가자!

+ DC형 가입자라면 퇴직금의 실질 가치 보존을 위해서라도 투자는 필수이다.
+ IRP계좌에는 연간 한도 1,200만 원 이내에서 추가 적립이 가능하다. 이때 납입원금에 대해 최대 700만 원까지 세액공제를 받을 수 있다.
+ DB형 가입자는 임금피크제 적용 직전에 DC형으로 바꿔야 퇴직금 손실을 막을 수 있다.

3장

누구도 말해주지 않는
진짜 연금 재테크

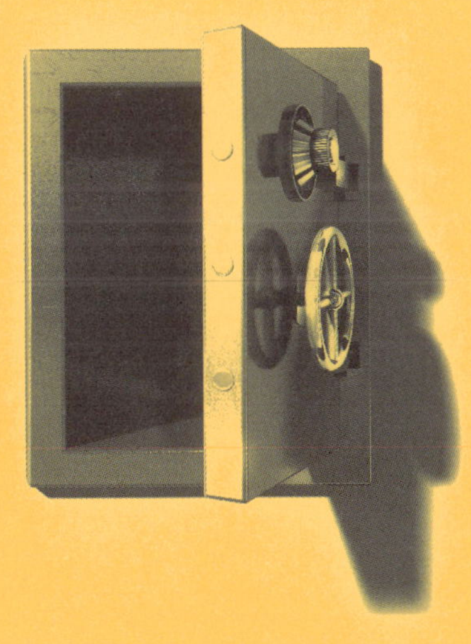

14 연금에 관한 4가지 오해와 진실

연금상품 판매자들이 소비자에게 강조하는 점은 크게 4가지이다. 고수익을 얻으려면 주식형 펀드를 선택할 것, 빨리 가입해서 세제 혜택을 오래도록 많이 누릴 것, 젊을수록 공격적으로 운용할 것, 마지막으로 직장인이 아니면 세액공제를 받지 못하므로 비과세(세제비적격) 상품을 선택하라는 것이다. 하지만 심사숙고 없이 판매자의 말만 듣고 가입을 결정했다가는 나중에 후회할 가능성이 크다. 흔히들 잘못 알고 있는 연금에 대한 4가지 잘못된 상식에 관해 지금부터 정확한 답을 알아보자.

장기간의 누적수익률로만 따진다면 주식형 펀드에 투자한 저축연금펀드가 단연 유리하다. 이는 증권사에서 연금저축펀드가 가장 우수하다고 설명하는 근거이기도 하다. 하지만 정말 그럴까?

연금저축보험과 연금저축신탁의 과거 수익률을 보면 2003~2014년까지 각각의 누적수익률은 연금저축신탁 채권형이 44.3%, 연금저축신탁 안정형이 40.8%, 생명보험회사의 연금보험이 16.9%, 손해보험회사의 연금보험이 9.7%이다.

한편 같은 기간의 누적 물가상승률은 33.8%이다. 수익률이 물가상승률과 비슷하다면 본전은 건진 것이고, 물가상승률보다 수익률이 낮다면 실질적으로 손해를 본 것이다. 주요 투자 대상이 국공

채인 연금저축신탁 수익률은 물가보다 약간 높은 정도에 불과하지만 연금저축보험은 사실상 손해를 보았다. 시중 금리보다는 높은 공시이율이 적용되고 최저금리까지 보증하는데도 무기력한 모습을 보였다.

반면 연금저축펀드를 보면 주식편입 상품에서 수익률이 높다. 채권형 펀드로 운용한 것은 44.3%이지만, 주식형은 178.4%, 혼합형은 118.3%의 누적수익률을 보였다. 누적수익률만 보면 주식형 펀드가 단연 강자라서 고수익을 얻으려면 주식형 펀드에 반드시 투자해야 할 것 같다.

그러나 조금만 더 따져보면 수익성과 안정성의 상관관계가 드러난다. 연금저축신탁과 연금저축보험은 기복 없는 모습을 보여주고 있지만 수익성은 취약함을 알 수 있다. 연금저축펀드는 누적수익률은 높지만 중간에 손실 구간이 나타나는 등 요동치는 모습이어서 안정성 측면에서는 상대적으로 불리한 측면이 있다.

누적수익률, 참고는 해도 현혹되지는 마라

연금저축펀드에서 주식형 펀드와 주식혼합형 펀드의 수익률을 보면, 2008년 글로벌 금융위기 당시에는 손실 구간이 나타났고 2011년부터는 횡보하고 있다. 이것은 가입 시기에 따라 수익률이 제각각이라는 의미이다. 즉 2003년에 가입해 지금까지 보유하고 있다면 고수익을 얻었겠지만, 2010년 고점일 때 가입했다면 현재 이익이 거의 나지 않았거나 약간의 손실을 보고 있는 상태라고 할 수 있다.

반면 연금저축신탁과 연금저축보험은 고수익은 아니지만 꾸준하게 이익을 냈다. 이 점이 매우 중요한 포인트이다. 이런 구조를 이해하지 못한다면 저축연금펀드가 가장 수익률이 높은 상품이라고 잘못 이해하기 쉽다. 하지만 누적수익률은 과거의 기록으로 어디까지나 참고사항일 뿐, 미래의 수익률까지 알려주는 가늠자는 아님을 알아야 한다.

세제 혜택을 누리려면 무조건 빨리 가입해야 한다?

연금으로 받을 것이 아니라면 개인연금상품에 절대로 가입하지 말아야 한다. 현 시점에서 개인연금상품은 수익률보다는 세제 혜택면에서 장점이 훨씬 많다. 하지만 연금저축은 연금 형태로 수령하지 않으면 세제 혜택은커녕 세금 폭탄이 기다릴 뿐이다. 연금으로 받지 않으면서 허용되는 사유 외의 이유로 중도 인출하는 돈에 대해서는 모두 기타소득세가 부과된다. 세액공제를 받은 돈보다 더 많은 돈을 내놔야 하는 것이다.

10년이 지나면 비과세 대상이 되는 연금보험상품 종류도 가입자 입장에서 답답하기는 마찬가지이다. 일단 공시금리에 따라 7~10년이 지나야 겨우 원금에 도달하기 때문이다. 따라서 이런 상품들에 빨리 가입하는 것이 최선은 아니다. 그보다도 중도 해지 없이 끝까지 유지하고 갈 수 있는지 아닌지가 중요한 것이다. 원금 개시 시점까지 끌고 갈 자신이 없는 돈이라면 개인연금보다 다른 상품을 선택하는 것이 오히려 합리적이다.

펀드투자에 자신이 있다면 매매차익에 비과세 혜택을 주는 국내주식펀드를 선택하자. 아니면 2016년 3월부터 판매되는 개인종합자산관리계좌(ISA)를 통해 수익 일부에 대해 비과세 혜택을 받을 수도 있고, 해외 투자에 관심이 있다면 해외주식전용 비과세 펀드를 이용하는 것이 차라리 나은 선택이다. 이외의 상품들이라도 수익에 대해서만 15.4%의 소득세를 적용받는 것이 중도 해지로 납입원금조차 못 건지거나, 연금 외 소득으로 분류되어 기타소득세 16.5%를 내는 것보다 백 번 낫다.

젊을수록 공격적으로 운용하는 것이 답이다?

나이가 적을수록 공격적으로 투자해 투자수익률을 높게 설정하고, 연금개시 시점이 다가올수록 위험자산의 비중을 줄이라는 조언이 넘쳐난다.

그렇지만 젊은 사람이 반드시 나이 든 사람보다 투자 능력이 뛰어날까? 당연히 그렇지 않다. 투자 역시 꾸준한 지식습득과 경험에 의한 판단 등을 바탕으로 점차 숙달되어가는 것이다. 그래서 '오래'보다 '제대로' 투자하는 것이 중요하다. 개인마다 자산관리 및 투자 능력이 다르기 때문에 딱히 정해진 공식은 없다. 자신의 투자 능력부터 파악하는 것이 출발점이다.

다행히도 연금저축상품은 계좌이전이 가능하다. 그리고 연간 한도액인 1,800만 원(IRP 추가적립액 포함) 이내에서는 계좌를 여러 개로 나누어도 된다. 연금저축펀드에도 조금 넣어보고 나머지를 연금저축신탁 같은 원금보장형 상품에 넣는 식으로 관리하면서 서서히 투자 능력을 키워나간 뒤 결정해도 된다. 또한 젊을수록 연금 개시까지 남아있는 시간이 긴 만큼, 현금자산의 가치를 떨어뜨리는 인플레이션에 대해서도 제대로 대비해야 한다.

세액공제 못 받으면
연금보험이 좋다?

전업주부는 개인연금상품의 세액공제 혜택을 받을 수 없다. 그럴 때는 비과세 혜택을 주는 상품에 가입하라는 말을 많이 듣는다. 하지만 무조건적으로 비과세 상품에 가입하기에 앞서 여러 면을 신중하게 생각해야 한다. 연금개시를 하기까지 남은 기간은 얼마인지, 수익률은 어느 정도를 원하는지 등에 대해 따져보는 것이 필요하다.

연금으로 받지 않고 단지 비과세 혜택만 누릴 것이라면 연금보험보다는 국내주식형 펀드나 해외주식전용 비과세 펀드가 더 나은 대안이 될 수 있다. 사업비가 높은 상품에 투자하는 것은 합리적인 선택이 아니기 때문이다. 2016년 상반기 중에 출시되는 해외주식전용 비과세 펀드의 경우 2017년까지만 3,000만 원 한도 내에서 가입할 수 있고, 최장 10년까지는 비과세 혜택을 받을 수 있다. 주식형 펀드에 투자하기 겁난다면 채권형 펀드에 투자해도 된다. 비싼 사업비를 내는 것보다 차라리 이자소득세를 내는 것이 더 이익일 수 있다.

만약 10년 후에 바로 연금을 수령할 계획이라도 허겁지겁 가입하는 것은 역시나 잘못된 선택이다. 10년을 기다리고 겨우 원금만을 이용해 연금을 개시한다는 것 자체가 비합리적이기 때문이다. 연금 수령이 목적이라면 당장은 세액공제 혜택이 없어도 연금저축에 가입해도 괜찮다. 세액공제를 받지 않은 원금은 어차피 비과세 대상이라 수익에 대해서만 3.3~5.5%의 연금소득세를 부담하면 된다.

이것만은 꼭 알고 가자!

+ 연금저축보험과 연금저축신탁은 안정성은 높지만 수익성이 낮고, 연금저축펀드는 수익성은 높지만 안정성이 떨어진다.
+ 연금저축펀드의 누적수익률은 과거의 수익률일 뿐 결코 미래의 수익률이 아니다.
+ 연금저축을 중도 해지하면 세액공제로 받은 돈보다 더 많은 세금을 물어야 한다.
+ 연금저축에서 세액공제를 받지 못한 돈은 원금에 한해 비과세 혜택을 받는다.

15

세액공제 vs 소득공제, 어디까지 알고 있니?

개인연금상품의 가장 큰 장점은 단연 세제 혜택이다. 현재 남아있는 몇 안되는 절세 상품이면서 연금을 받을 수 있기 때문이다. 하지만 여기서 핵심이라고 할 수 있는 세제 혜택 관련 내용을 제대로 아는 소비자들은 의외로 적다. 개인연금상품의 세제 혜택으로 어떤 것들이 있는지, 또 어떻게 적용되는지를 알아야만 상품 선택 시 혼란을 겪지 않을 수 있다.

세제적격과 세제비적격,
그 차이를 알자

세제적격상품은 납입기간 동안 정해진 한도에 따른 세액공제나 소득공제 혜택을 받는다. 그러다가 연금을 받기 시작하면 연금소득세를 내야 한다. 반면 세제비적격 상품은 공제 혜택이 없는 대신, 10년 이상 유지하면 이익금에 비과세 혜택이 적용된다.

‖ 세제적격

연금저축계좌(연금저축신탁, 연금저축보험, 연금저축펀드)와 개인형 퇴직연금의 추가적립분이 해당된다. 또한 가입 시점에 따라 세액공제 적용 상품과 소득공제 적용 상품으로 다시 한 번 분류된다. 세액공제는 이미 산출된 세금에서 저축금액에 13.2% 또는 16.5%를 곱해서 나온 금액을 빼주는 방식이다. 소득이 높은 사람에게는 불리하지만 소득이 낮은 사람은 환급액이 늘어나는 효과가 생긴다.

반면 소득공제는 전체 소득에서 연금저축납입금액을 먼저 빼주는 방식이다. 소득에 따라 절세 금액이 달라지며 소득이 높을수록 절세 효과가 커진다. 단, 납입기간 중 공제 혜택을 받으려면 계약자와 피보험자 그리고 수익자가 동일인이어야 한다. 예를 들어 전업주부가 직장인인 남편 명의로 세제 혜택을 받을 수 없다는 말이다.

‖ 세제비적격

연금저축보험을 제외한 보험회사에서 판매하는 모든 연금상품이 해당된다. 세액공제를 받을 필요가 없거나 금융소득이 높아 별도의 비과세 금융자산이 필요할 때 선택하는 경향이 있다. 간혹 연금저축보험(또는 연금저축)과 연금보험을 헷갈려하는 경우가 있다. 모두 보험회사의 연금상품이지만 '저축'이라는 용어가 붙은 연금저축보험은 공제를 받을 수 있는 세제적격상품이고, 연금보험은 세제비적격상품이다. '저축'이라는 용어를 기준으로 판단하면 절대로 혼동하는 일이 없을 것이다.

세액공제 최고 한도는 700만 원

연말정산이란 소득세액과 원천징수한 세금의 합계액을 기준으로 이미 납부한 개인별 세금을 재조정하는 것이다. 이때 개인연금상품을 활용해 공제 혜택을 받으려면 세제적격 상품에 가입해야 한다. 연금저축보험은 저축성보험 가운데 유일하게 연말정산 세제혜택을 받을 수 있는 상품이다.

세액공제가 가능한 금액은 2015년부터 연간 700만 원으로 늘어났다. 원래는 400만 원이지만 퇴직연금에서 확정기여형(DC형)이나 IRP계좌(개인형 퇴직연금계좌)에 추가적립할 경우, 세액공제 대상 금액을 300만 원 더 인정해주는 것이다. 단, IRP계좌를 개설하려면 퇴직연금 가입자여야 한다는 등의 조건이 있다. IRP계좌로 추가적립이 없을 때는 기존처럼 연간 400만 원이 세액공제 한도가 된다.

세액공제, 소득에 따라 적용 기준이 다르다

세제적격상품을 이용한 세액공제 한도는 소득에 따라 달라진다. 직장인은 연봉 5,500만 원, 사업자의 경우에는 종합소득 4,000만 원이 기준이 된다. 이 기준보다 낮을 때는 16.5%, 초과하면 13.2%의 세율로 세액공제를 받는다.

‖ 연금저축으로만 공제 한도액인 400만 원을 채웠을 때

　1) 근로소득만 있는 경우 연소득 5,500만 원 이하,

　　또는 종합소득금액 4,000만 원 초과

　　: 400만 원 × 16.5% = 66만 원

　2) 근로소득만 있는 경우 연소득 5,500만 원 초과,

　　또는 종합소득금액 4,000만 원 이하

　　: 400만 원 × 13.2% = 52만 8,000원

13.2% 세액공제 시	16.5% 세액공제 시
월 10만 원 : 158,400원	월 10만 원 : 198,000원
월 20만 원 : 316,800원	월 20만 원 : 396,000원
월 30만 원 : 475,200원	월 30만 원 : 594,000원
월 34만 원 : 528,000원	월 34만 원 : 660,000원

연금저축만 이용할 경우에는 월 납입액별로 얼마나 세금을 환급받을 수 있는지 살펴보자. 34만 원을 다달이 불입한다면 연금저축의 연간 세액공제 한도인 400만 원을 채울 수 있다.

2000년 12월까지 판매된 연금저축은 소득공제 대상

개인연금저축은 1994년 개인연금제도로 처음 도입되었다. 2000년 신 개인연금, 2001년 연금저축 그리고 2013년에 다시 연금저축계좌로 명칭이 변경되었다. 그 사이에 세제 적용방식과 연금개시 조건 등에 변화가 있었다. 연금저축은 세제 적용방식에 두 종류가 존재한다. 2000년 12월까지 판매된 상품은 소득공제 대상, 그 이후 판매된 상품은 세액공제 대상이다.

2000년 12월까지 판매된 상품들은 편의상 (구)연금저축으로 불린다. (구)연금저축은 해마다 납입금의 40%를 72만 원 한도 내에

세제적격 연금저축제도의 변화

구분	(구)개인연금저축	연금저축	연금저축계좌
판매기간	1994년 6월 ~2000년 12월	2001년 1월 ~2013년 2월	2013년 3월~
세제 혜택	연간 납입액의 40% 와 연간 72만 원 중 적은 금액, 소득공제	- 연간 납입액 400만 원 한도 내 13.2% 세액공제 - 단 연간 총 급여 5,500만 원 이하 - 근로자나 종합소득금액 4,000만 원 이하 사업자는 16.5% 적용	
연금개시 시점	적립 후 10년 경과, 55세 이후		적립 후 5년 경과, 55세 이후
연금수령	5년 이상 분할 수령	5년 이상 분할 수령	연금수령 연차별로 한도액 설정 (최소 10년)
연금소득세	비과세	연 1,200만 원 한도 내 분리과세 3.3~5.5%	
이전 가능 여부	(구)개인연금저축으로 이전 가능	연금저축계좌로 이전 가능	

서 소득공제 받을 수 있고, 연금을 받을 때 비과세 혜택이 적용된다. 이런 장점이 있으니 지금까지 (구)연금저축을 보유하고 있다면 그대로 유지하는 것이 좋다. 또한 이 상품들은 예정이율을 7.5%로 높게 적용한 확정이율형 상품이 많다.

이 외 다른 연금저축은 연간 한도 400만 원 이내에서 세액공제가 적용되고 연금수령 시 3~5.5%의 연금소득세를 내야 한다.

비과세 요건이 강화된 세제비적격

세제비적격 상품을 통해 발생하는 소득은 이자소득으로 분류되는 것이 원칙이다. 그러나 일정 요건을 채울 경우에는 비과세 혜택을 받을 수 있다. 그 기준은 2013년 2월 15일 이후 가입자인지 여부이다. 2013년 2월 15일 이전에 가입한 보험의 경우 계약 유지기간이 10년 이상이면 월납이든 일시납이든 모두 비과세 대상이 된다. 하지만 점차 비과세 혜택을 축소하는 방향으로 가고 있어 이후 가입자들은 비과세 충족 요건이 조금 더 까다롭다. 일단 가입기간 10년 이상을 채운 보험 중 다음과 같은 저축성 보험차익에 대해서만 비과세 혜택을 주고 있다.

첫째, 일시납 즉시연금보험은 2억 원 이내여야 한다. 납입보험료 합계액이 2억 원 이하이고 10년 이상을 유지해야 한다. 2억 원이 넘으면 10년을 채웠다고 해도 세금이 부과된다. 2억 원은 모든 저축성보험의 합계액을 기준으로 계산된다.

둘째, 월 적립식 연금보험은 동일한 금액을 5년 이상 월납해야 한다. 기본보험료 선납기간이 6개월 이내여야 하고, 최초 기본보험료를 초과해 증액하지 않아야만 비과세 대상이 된다. 여기서 기본보험료란 매월 납부하도록 계약된 월 보험료를 의미한다. 이때 통상 기본보험료의 2배 범위까지 납입이 가능한 추가납입의 경우도 비과세 혜택이 적용될지 궁금해하는 사람들이 많다. 추가납입은 기본보험료와는 아무 상관이 없으므로 추가납입해도 비과세 대상이 된다.

6개월 선납방식은 매달 보험료를 내는 것이 아니라 1월 1일에 6개월치, 7월 1일에 6개월치를 미리 내는 것이다. 만일 12개월 선납처럼 선납기간이 6개월을 초과하면 이때는 비과세 대상이 아니다. 그리고 보험료를 감액할 경우에는 기본보험료가 줄어든다. 균등해야 한다는 조건에 부합하지 않아 비과세 혜택이 적용되지 않으니 주의해야 한다.

셋째, 55세 이후에 연금을 개시하되, 사망할 때 보험계약과 연금 재원이 소멸해야 한다. 따라서 지급보증기간을 평균수명보다 짧게 설정해야만 비과세 혜택을 받을 수 있다. 또한 계약자와 피보험자 그리고 수익자가 동일한 계약이어야 한다. 마지막으로 매년 수령하는 연금액이 다음의 계산식에 따른 금액을 초과하지 않아야 한다.

(연금수령 개시일 현재 연금계좌 평가액 ÷ 연금수령 개시일 현재 기대수명 연수) × 3

이외에도 2013년 2월 15일 이후 가입분에서는 계약자를 변경한 경우 계약자 명의 변경일 기준으로 10년이 지나야 비과세 대상이 될 수 있다.

> ### 이것만은 꼭 알고 가자!
> - 세제적격 상품은 납입기간 중에는 세액공제를 받지만, 연금수령 기간에는 연금소득세를 낸다.
> - 세제비적격 상품에는 세액공제 혜택이 없지만, 10년 지나면 비과세 혜택을 받아 연금소득세를 내지 않는다.
> - 연금저축만을 이용한 세액공제 최고한도는 400만 원이다. 개인형 퇴직연금계좌에 추가적립할 경우에만 700만 원으로 올라간다.

16

고액계약을 유도하는 이유, 이거였어!

연금상품에 가입할 때 보험설계사들이 납입하는 액수를 높여 잡으면 좋다고 말하는 경우가 많다. 자녀가 없을 때는 노후를 감안해 납입액을 높게 설정하라는 말도 나온다. 혹여 나중에 월 납입액이 부담스러워지면 그때 납입액을 낮추면 되니 다소 무리가 되더라도 납입액수를 늘려 잡으라는 식이다. 이처럼 대부분의 설계사들이 고액계약을 체결하면 자신들의 모집수당이나 판매수당이 늘어난다는 사실은 감춘 채 납입액을 고무줄처럼 조절해도 아무런 문제가 없는 것처럼 설명한다. 나중에 보험 납입액을 낮춰도 가입자에게는 정말 아무런 손해가 없을까?

계약 전에
납입방식부터 파악하자

연금상품은 그 특성이나 적용되는 세금 구조상 끝까지 유지하는 것이 매우 중요하다. 그렇기 때문에 납입방식을 제대로 알고 선택하는 것이 중요하다. 개인연금상품의 납입방식으로는 크게 3가지가 있다. 즉시연금처럼 목돈을 일시에 불입하는 일시납입, 정기적으로 불입하는 정기납입, 마지막으로 기간이나 금액 제한 없이 불입하는 자유납입으로 나뉜다. 현재 자유납입을 택하고 있는 것은 연금저축펀드나 연금저축신탁, 개인형퇴직연금뿐이다. 이외에 보험회사에서 판매하는 연금상품은 기본적으로 정기납입 방식이다.

자유납입과 정기납입은 상당히 많은 부분에서 차이가 있다. 일단 자유납입 방식은 돈이 없거나 불만이 생겼을 때 더 이상 입금하지 않아도 된다. 그 상태에서 내버려둬도 임의 계약 해지로 인한 불이익이 없다. 계약이 해지되지 않고 이미 쌓아둔 적립금만으로 계속 투자된다. 또한 돈이 없으면 납입액을 언제든지 줄여도 된다. 다달이 통장에서 일정액이 빠져나가도록 했어도 상관없다. 연결된 계좌에 돈을 넣어두지 않거나 아니면 금융회사에 돈이 빠져나가지 않도록 해달라고 요청하면 된다.

하지만 정기납입 방식인 연금저축보험을 포함한 보험회사의 연금상품들은 다르다. 일시납입 방식으로 계약한 것이 아닌 한, 돈이 없다고 납입을 마음대로 중단할 수 없다. 연달아 2개월 동안 보험

연금저축 납입방식 비교

구분	연금보험, 변액연금보험	연금저축보험	연금저축펀드, 연금저축신탁
기본원칙	- 거치식 - 정기납입 방식 　월납, 3월납, 　6월납, 연납	- 정기납입 방식 - 월납, 3월납, 　6월납, 연납	자유납입 방식
추가납입과 정기납입	기본보험료 외 수시납입 가능 (기본보험료 총액의 2배 이내)		정기 자동대체설정을 통해 월 단위의 정기납입 가능
납입중단	납입 유예제도 활용		언제든 가능

료를 내지 않으면 실효되어 손실이 발생할 수 있다.

보험회사들은 납입액을 높여서 일단 연금자산이 되는 적립액을 늘려놓은 뒤, 생활비가 빠듯해지면 납입유예나 감액 또는 자동대출납입으로 대체하면 된다고 설명하면서 고액계약을 이끌어내곤 한다. 하지만 무리하게 보험료를 설정하면 그 다음날부터 연금보험은 애물단지로 변한다. 결국에는 중도 해지하게 되어 불필요한 손해로 이어지는 것이다.

민원 사례

변액연금에 가입할 때 설계사로부터 원할 경우 중도에 자유롭게 증액과 감액, 출금이 가능하다는 설명을 들었다. 그 말을 듣고 무리해서 월 보험료로 50만 원씩 내기로 했다가 사정이 생겨 감액을 요청했다. 그런데 감액한 금액만큼 중도 해지가 되어 원금 손실이 발생한다는 것이었다. 처음 듣는 말이었지만 보험약관에 그 내용이 있고 청약서에도 자필 서명이 있어서 보험회사에는 책임이 없다는 말만 되풀이했다.

보험료를 감액하면 부분 해지로 처리된다. 감액으로 인해 적립액이 줄어드는 만큼 연금액수와 사망보험금 등도 함께 줄어든다. 그런데도 보험회사들은 이런 사실을 알려주지 않고 아무런 불이익 없이 자유롭게 보험료 증액과 감액이 가능한 것처럼 설명해 고액 계약을 유도하는 것이다.

2009년 매달 보험료 25만 원씩 1년간 300만 원을 납입하는 L사의 연금저축보험에 가입했다. 2011년에 담당 설계사는 세금공제액이 400만 원으로 상향 조정되므로 기존 상품을 5만 원대로 낮추고 새롭게 30만 원짜리 연금저축보험에 가입하라고 했다. 불이익이 전혀 없다고 하길래 설계사 말대로 했다. 그러다가 최근 집으로 날아온 '연금저축 운용 수익표'를 보고 사업비의 존재를 처음 알게 되었다. 5만 원으로 감액한 보험회사 사업비가 감액 후에 38%까지 올라가 있었다. 사업비 자체에 대한 설명은 물론 감액하면 사업비가 상승한다는 말도 전혀 듣지 못했다.

생명보험회사들은 2010년부터 대개 보험료에 비례한 사업비를 받지만, 손해보험회사들은 감액이나 증액에 관계없이 초기 사업비를 그대로 적용했다. 그러다 금융감독원의 지적으로 손해보험회사들도 2013년 3월 이후부터는 보험료가 줄어들면 사업비도 비례해서 줄어드는 상품으로 구조를 변경하여 출시하고 있다.

그런데 2013년 2월까지 판매된 상품에는 바뀐 규정이 적용되지 않는다. 손해보험회사는 설계사에게 지급된 수수료를 회수할 방법이 없어 어쩔 수 없다는 입장이다. 따라서 2013년 2월 이전에 가입한 상품을 보유하고 있다면 납입 보험료를 함부로 감액해서는 안 된다. 민원을 제기해도 기존 계약들과 달리 구제할 방법이 없다.

아랫돌 빼서 윗돌 괴는 납입유예제도

저축성보험상품에는 대부분 납입유예 기능이 있다. 납입유예제도란 보험료 납입을 일시 정지할 수 있는 제도로 보험료를 납입하지 않아도 계약이 유지된다. 그런데 연금상품을 선택할 때 납입유예제도가 매우 특별한 것인양 강조하는 보험회사들이 많다. 또한 이를 마치 보험료 납입면제와 같은 말인 것처럼 설명해 가입자들이 오인하도록 만들기도 한다.

민원 사례

변액연금보험에 가입했다. 임신으로 1~2년 휴직을 할 예정이라 가입 후 16개월간 유지하던 계약의 해약을 고려했더니, 담당 설계사는 해약 대신 보험료 납입유예제도를 이용하라고 했다. 2년 동안 보험료 납부를 하지 않아도 아무런 문제가 없다는 말이었다. 그래서 해약하지 않고 계속 납입하다가 아무래도 안 되겠어서 고객센터에 문의했더니 의무납입기간이라 납입유예를 적용할 수 없다는 답변을 들었다.

납입유예 기능은 보험회사가 정한 의무납입기간이 지나야만 이용할 수 있다. 상품마다 다르지만 대개 가입 후 5년이 지나야 한다. 특약이 부가된 변액연금보험 등에선 납입유예가 받아들여지지 않으므로 무조건 납입유예가 가능한 것도 아니다.

대개 1회당 최대 12개월까지 신청할 수 있으며 가능한 기간은 최대 36개월 정도이다. 주의할 점은 해당 기간 동안 납입이 면제되는 것은 아니라는 점이다. 납입유예 기간만큼 보험료 납입기간이 연장되는 것일 뿐, 실제 총 납입기간은 변하지 않는다. 만일 10년의 납입기간을 지닌 계약인데, 납입기간이 4년 남은 상태에서 12개월 간 납입유예를 신청했다고 해보자. 이때 납입유예기간이 끝난 후 3년만 더 납입을 하면 되는 것이 아니다. 납입해야 하는 기간은 여전히 4년으로 동일하지만 사업비는 11년 동안 지불하게 된다.

보험료를 내지 않았던 기간에는 그간 쌓아놓은 적립금에서 위험보험료, 사업비 등이 계속 빠져나가는 방식으로 계약이 유지된다. 이는 적립금을 계속 줄여서 계약을 유지하는 방식으로 적립금이 부족할 경우에는 계약이 임의 해지되기도 한다. 실질적으로 납입 면제가 아니라고 하는 이유는 바로 이 점 때문이다. 알고 보면 아랫돌 빼서 윗돌 괴는 제도인 것이다.

연금저축보험도 납입유예 기능이 있다

보험회사의 연금상품은 일반보험과 동일하게 10년간 유지하면 비과세 혜택을 받는 상품과 세액공제가 되는 상품으로 나뉜다. 만일 중도 해지하면 세액공제가 되는 연금저축보험에서 더 큰 피해가 나타날 수 있다. 중도 해지로 인한 손실과 세액공제를 받은 돈 등에 대해 물게 되는 기타소득세로 인해 손해가 크다.

이 같은 문제점 때문에 2014년 4월 이후 출시된 연금저축보험에도 납입유예 기능이 포함되어 있다. 의무납입기간이 상품별로 약간 달라 1~3년이 지난 후부터 가능하며, 전체 납입기간 중 3~5회까지 유예신청 기회를 부여한다. 연속 납입유예도 가능하므로 최대 3~5년간 미룰 수 있다.

납입액을 줄이고 추가납입을 활용하자

정기납입 방식인 보험회사 연금상품의 사업비를 떨어뜨리는 방법이 있다. 애써 월 납입액을 늘리려고 하기보다는 오히려 줄여서 계약하는 것이다. 매달 30만 원짜리 연금보험에 가입하고자 한다면 매달 10만 원만 내는 것으로 계약하면 된다. 그리고 나머지 20만 원은 추가로 납입하는 것이다.

변액연금보험을 예로 들어보자. 다달이 고정적으로 내는 보험료에는 초기 사업비가 10~15% 붙는다. 추가납입분은 상품마다 차이가 있으나 1~4%의 수수료만 부과된다. 연금보험의 경우 추가납입을 통해 넣을 수 있는 금액이 보통 기본보험료의 2배이다. 추가납입을 적절히 활용하면 전체 사업비가 확 떨어지는 효과를 불러올 수 있다.

가입자가 추가납입을 선택하면 설계사와 보험회사 입장에서는 기본보험료를 통해 받는 것보다 사업비를 적게 받으므로 손해이다. 또한 그만큼 적립액이 증가하는 속도가 빠르므로 같은 금액을 불입했어도 가입자에게는 훨씬 유리하다. 상품에 따라서 납입기간이 끝나면 추가납입이 안 되는 경우도, 계속 추가납입이 가능한 경우도 있으므로 상세한 내용은 약관을 통해 확인해야 한다.

다만 사망보험금 등은 기본보험료를 기준으로 책정되므로 30만 원을 기본보험료로 계약했을 때보다 10만 원을 계약한 경우 더 적다. 참고로 비과세 혜택을 적용받는 상품의 경우, 2005년부터는 중도 인출 등을 통해 중간에 돈을 빼냈다가 채워 넣었거나 추가납입을 했더라도 비과세 시점에 대한 기간을 최초 계약 및 납입일부터 계산한다. 예를 들어 계약 후 9년 차에 추가납입으로 넣은 돈의 경우는 1년이 지나야 비과세 대상이 된다.

이것만은 꼭 알고 가자!

+ 생활비를 고려하지 않은 고액계약은 중도 해지로 이어지는 지름길이다.
+ 보험료를 감액하면 부분 해지되어 연금액이 줄어든다.
+ 잠시 동안 보험료를 내지 않는 납입유예제도는 납입기간도 늘어나 전체 수수료를 높이는 것에 불과하다.
+ 추가납입제도를 활용하면 같은 돈으로 연금액을 늘릴 수 있다.

17 이래저래 손해로 이어지는 보험계약대출

급하게 목돈이 필요하거나 보험료 납입이 어려워서 연금보험을 해지한다고 하면 보험회사에서 권하는 것이 있다. 바로 보험계약대출(약관대출)이다. 보험을 담보로 대출받아 급한 불을 끄라는 것이다. 얼핏 보면 계약을 해지하지 않고도 돈을 빌려 쓸 수 있으니 가입자에게 이익인 것 같다. 실제로 경제기사 등에서도 이를 대단한 비법인 것처럼 소개하는 것을 볼 수 있다.

그러나 보험계약대출은 계약자의 적립금을 담보로 하는 무위험 대출인 동시에 고금리 대출이다. 때문에 보험회사들이 부작용은 알려주지 않은 채 급전이 필요한 계약자에게 '땅 짚고 헤엄치는 식'으로 손쉬운 영업을 한다는 비난이 거세지고 있다.

보험상품의 종류에 따라 제한될 수도 있지만 연금보험은 보험계약대출이 가능하다. 보험계약대출이란 해지환급금이 있는 보험계약을 이용한 대출로 약관대출이라고도 한다. 대개 해지환급금의 50~90% 수준에서 대출을 해주며 최고 95%까지 대출받을 수 있는 상품도 있다.

가입한 보험상품의 적립금이 담보인만큼 보험계약대출은 절차와 방법이 비교적 간단하다. 신용등급조회와 심사가 필요 없으며, 이자 상환 등을 제때 하지 못해도 연체이자가 없고 신용등급에 영향을 미치지도 않는다. 일반 신용대출이나 부동산담보대출에서 대출금을 연체하면 연체이자가 부과되고 신용등급이 떨어지는 것과는 상당히 다르다. 미납한 이자는 대출원금에 합산되거나 미납이자에 대해 보험계약대출 이자율만 적용된다.

게다가 중도상환수수료 등 각종 수수료 부담 없이 수시로 상환과 대출이 가능하다. 대출 만기도 따로 없어 보험 가입기간 내에 수시로 돈을 빌리거나 갚으면 된다. 인터넷이나 전화, 모바일 등으로도 간단하게 신청해 이용할 수 있다. 여기까지만 보면 참 좋은 제도이다.

떼일 위험이 없는데 금리가 하늘을 찌른다

사실 보험회사 입장에서 보험계약대출은 빌려준 돈을 떼일 위험이 전혀 없는 '무위험 대출'이다. 그런데도 대출금리가 매우 높다. 가입 상품이 금리연동형일 경우에는 예정이율에 가산금리 1.5%를, 금리확정형은 예정이율에 가산금리 2% 정도를 더한다. 회사마다 약간씩 다르지만 가산금리는 대략 1.4~2.6%이고 고정금리 상품의 대출이율은 더 높아 요즘 같은 초저금리 시대에 무려 10%에 육박한다. 은행의 예금·적금담보대출에 적용되는 가산금리는 1~1.5% 정도이므로 은행보다 훨씬 높다.

보험계약대출은 신용등급의 문제로 은행대출이 쉽지 않은 사람들이 어쩔 수 없이 이용했다가 나중에 고금리를 감당하지 못하는 경우가 많다. 연금저축펀드의 경우에는 대형 증권사들을 중심으로 평가금액의 50% 이하에서 3%대의 금리로 담보대출을 해준다. 보험회사와는 상품판매 수수료와 관리 체계가 달라 단순한 비교는 어렵지만, 둘을 비교하면 보험계약대출 금리는 너무 높다. 만약 보험계약이 여러 개일 때에는 대출이율이 낮은 계약으로 대출을 받는 것이 유리하다.

높은 대출금리, 중도 해지를 유도하는 것일 수도 있다

보험회사는 보험계약대출 금리가 높은 것에 대해 뭐라고 말하고 있을까. "예정이율은 나중에 보험상품을 통해 돌려받는 부분이므로 실질적으로는 가산금리 정도만 부담하는 것에 불과하다"라는 궤변을 늘어놓고 있다. 맞는 말 같지만 가입자가 대출받는 돈은 전체 계약자가 적립해놓은 돈에서 비롯한 것이기 때문에 엄연히 틀린 말이다.

　보험계약대출은 고금리 확정금리형 상품 가입자들에게는 더 높은 가산금리를 적용한다. 요즘에는 거의 출시되지 않지만 2000년 이전까지만 해도 확정금리형 상품이 많았다. 이런 상품들로부터 손실이 나자, 보험회사에서는 높은 가산금리를 붙여 대출을 해줌으로써 손실분을 조금이라도 만회하고 있는 것이다.

그런데 대출이자를 감당하지 못하는 가입자가 보험료를 제때 낼 수 있을까? 보험상품은 이유를 불문하고 연달아 두 달 동안 보험료를 납입하지 못하면 바로 실효된다. 이자와 대출금을 제대로 갚지 못해 계약이 강제로 해지될 수도 있다. 만약 계약대출을 제때 갚지 못해 계약이 해지되면 가입자는 이중의 피해를 입는다. 고금리 대출로 인한 피해와 함께 형편없이 줄어든 중도 해지환급금을 받아야 한다. 그나마도 중도 해지환급금에서 대출청산비용을 먼저 제하고 남은 돈을 내주므로 손에 쥘 돈은 얼마 되지 않을 수 있다.

하지만 보험회사는 계약이 해지되더라도 손해 입을 일이 없다. 해지공제 등을 적용해 이익을 얻거나, 회사에 불리한 조건의 계약을 청산할 수 있기 때문이다. 어찌 보면 보험회사 입장에서는 이래도 이익이고 저래도 이득인 것이 보험계약대출이다.

언 발에 오줌 누는 자동대출납입제도

보험회사에서는 보험료 납입이 어려울 때 보험료 자동대출납입제도를 이용하라고도 권한다. 보험계약대출을 받아 보험료를 내는 것으로 계약을 중도 해지하는 것보다 훨씬 낫다는 것이다. 자동대출은 보통 1년을 최장 한도기간으로 하며 그 이후에는 재신청해야 한다. 부득이한 이유로 자동대출납입제도를 한두 달 잠깐 이용하는 것이라면 당연히 중도 해지보다는 낫다. 그러나 자동대출납입이 장기적으로 길게 이어지면 적립금이 바닥나고 깡통계좌가 되기 쉽다. 어쩌면 중도 해지한 것보다 못한 상황이 될 수도 있다.

자동대출납입제도는 계약이 해지되지 않는다는 것 외에는 장점이 거의 없다. 높은 금리가 적용되는 보험계약대출을 통해 보험료를 납입하는 것이라 비싼 이자를 부담해야 하고, 그렇게 낸 보험료에서는 계약대출 이자보다 더 높은 사업비가 빠져나갈 수도 있기 때문이다. 대출 금리가 5%인데 사업비가 9%라면 어떻게 될까? 단지 계약이 해지되는 것만 막았을 뿐 만만치 않은 손실이 나타나는 것이다.

갚을 능력이 없다면 계약을 실효시키는 것이 훨씬 낫다

상환 능력이 없는데도 보험계약대출이나 자동대출납입제도를 이용해 보험료를 내는 것은 현명하지 못한 선택이다. 특히 변액연금보험이나 보장성보험은 사업비가 매우 높다. 보험계약대출 이자보다 더 높을 가능성도 있다. 괜히 계약 유지에 집착해 보험계약대출이나 자동대출납입으로 보험료를 내다가 몇 달 못 버티고 해약하여 손해만 키울 것 같다면 차라리 처음부터 해지하는 것이 낫다.

간혹 보험계약대출이나 자동대출납입제도를 이용해서라도 계약을 유지하는 것이 유리한 경우가 있기는 하다. 주로 연금과 같은 저축성보험 가입자가 아닌 보장성보험 가입자에게 해당된다. 몸이 아파서 보험금을 지급받을 가능성이 높은 상황인데 갑자기 목돈이 필요하다면 어떻게 해야 할까? 보장 내용을 감안해 계약을 좀 더 유지하는 것이 나은지 아닌지 판단해 결정해야 한다. 보험계약대출을 받았거나 자동대출납입제도를 이용하고 있다고 해서 보험금 지급이 안 되는 것은 아니기 때문이다.

주의할 점은 보험료를 계속 납부해 계약이 실효되지 않도록 해야 한다는 것이다. 보험의 실효는 일종의 계약정지 상황으로 해약은 되지 않았지만 보장도 되지 않는 상태이다. 나중에 다시 여유가 생기면 실효된 보험은 살릴 수 있지만 해약은 그렇지 않다. 보험은 실효가 되더라도 해약하지 않고 그냥 두면 2년 이내에는 부활시킬 수 있다. 연체된 보험료와 그에 따른 이자까지 모두 부담하면 된다.

다만 처음 가입할 때와 같은 기준으로 심사가 다시 이뤄지므로 실효기간 동안 피보험자의 건강이 나빠지면 부활을 거절당할 수도 있다. 연금보험의 경우에 보험료 납입이 어렵다면 무조건 해약하는 대신 보험료를 2개월 동안 납입하지 않고 실효되도록 하는 것도 좋은 방법이다.

이것만은 꼭 알고 가자!

+ 보험계약대출은 금리가 높아 이자 갚기가 생각만큼 쉽지 않다.
+ 자동대출납입제도는 단지 계약이 해지되지 않는다는 것 외에는 장점이 거의 없다.

18

중도 인출하는 순간 '호갱님' 된다

보험회사의 연금보험상품은 해지환급금의 일정비율 내에서 중도 인출이 가능하다. 중도 인출은 대출처럼 돈을 빌리는 것이 아니라 적립금 일부를 찾아 쓰는 것이다. 보험에 은행의 입출금 기능 중 일부를 도입한 것을 유니버셜(universal)이라 하는데, 보험회사에서는 이를 마치 은행의 자유입출금식 통장인 것처럼 설명해 소비자들이 자주 혼동하곤 한다.

또한 돈을 꺼내 써도 이자가 없으니 보험계약대출보다 유리한 것처럼 설명하기도 한다. 물론 중도 인출은 보험을 해약하지 않는다는 점에서는 보험계약대출과 비슷하다. 그러나 계약이 부분 해지되면서 보험가입금액이 줄어들어 결국에는 가입자의 손해로 이어질 수 있다.

중도 인출 vs 보험계약대출, 뭐가 다를까

2003년 1월 A보험회사 연금보험에 가입한 뒤 매월 297만 원의 보험료를 5년간 완납했다. 연금 수령을 기다리던 중 단기 급전이 필요해 보험계약대출을 받아 전액 상환했다. 이후 추가로 보험회사 콜센터에 전화해 4,600만 원을 대출받았다. 시간이 지나 연금 수령을 앞두고 보험회사에 문의했더니 가입 때 안내받은 금액보다 훨씬 적었다. 게다가 대출받을 때 대출금 상환기일도 알려주지 않아서 제때 상환하지 못했다. 보험회사의 부주의로 연체이율이 적용된 상환금액을 부담하는 피해를 입었으니 보험회사가 책임져야 하는 게 아닌가?

이 사례는 중도 인출을 보험계약대출로 잘못 이해하고 민원을 제기한 경우이다. 중도 인출은 계약의 부분해지라서 상환 의무가 없다. 연금보험을 담보로 중도 인출하면 빼낸 금액만큼 가입금액이 감소해 연금 수령액도 줄어들게 된다.

실제로 중도 인출과 보험계약대출을 혼동하는 사람들이 많다. 생명보험회사의 5,000만 원짜리 연금보험상품에 가입했고, 그간

보험계약대출과 중도 인출 비교

구분	보험계약대출	중도 인출
내용	해지환급금을 담보로 돈을 빌리는 것	적립금의 일부를 미리 꺼내 쓰는 것
가능금액	해지환급금의 50~95%	적립금의 일정 부분
장점	적립금과 보장금액 불변 신용등급 제한·대출 수수료· 중도상환 수수료· 연체 시 가산이자 모두 없음	원금을 상환하고 이자를 납부할 의무 없음
단점	원금을 상환하고 대출이자를 내야 하며 미 상환시 해지환급금 또는 보험금 차감	적립금과 보장금액 감소 추가납입 시 수수료 부담
선택전략	단기 대출을 이용할 때	대출금 상환능력이 없을 때, 추가납입 수수료율이 보험계약대출 금리보다 낮을 때

납입한 금액을 기준으로 3,000만 원의 해지환급금이 있다고 해보자. 1,000만 원을 중도 인출하면 해지환급금은 2,000만 원으로 감소하고 연금보험 가입금액은 4,000만 원으로 줄어들게 된다. 동일한 조건에서 보험계약대출로 1,000만 원을 빌렸다면 가입금액과 해지환급금에는 변동이 없다. 단지 1,000만 원에 대한 이자를 내면 되는 것이다.

민원 사례

언제든지 중도 인출을 통해 돈을 찾을 수 있다는 말을 듣고 운영하는 어린이집 교사들의 퇴직금을 적립하기 위해 보험계약을 체결했다. 그런데 나중에 알고 보니 개인연금상품이라 중도 인출 금액만으로 퇴직금을 지급하기에는 턱없이 부족했다.

중도 인출이 가능한 액수는 회사와 상품별로 다르지만 적립형의 경우 초기에 적립금액 자체가 거의 없다. 그러니 초기에는 중도 인출을 아예 할 수 없거나 중도 인출할 수 있어도 금액이 얼마 되지 않는다. 적립금이 어느 정도 쌓여야 하므로 대개 1년이 지난 후부터 중도 인출이 가능하지만, 일시납 상품 중에는 1개월만 지나면 가능한 것도 있다. 연금보험의 경우 보통 1년에 4~12회까지 중도 인출이 가능하다. 인출 시 수수료는 없거나 있어도 2,000원 정도로 소액이다.

보험회사에서는 이렇게 은행의 예금상품과 유사한 기능에 연금까지 받을 수 있는 저축상품이라는 말로 가입자들이 잘못 이해하게 한 뒤 계약을 권하기도 한다. 중도 인출이 가능하다는 설명을 하지만, 정작 해지환급금을 기준으로 인출 가능금액이 결정된다는 중요한 설명은 빠뜨리는 일이 잦다. 그러다 보니 납입원금 전부를 찾아 쓸 수 있는 예금 통장인 것처럼 설명을 들었는데 알고 보니 그게 아니었다는 민원이 많다.

뒤늦게 불완전판매로 계약을 취소하려고 해도 늦었을 가능성이 높다. 불완전판매가 일어났다는 것을 증명할 수단이 없다면 가입자 혼자서 피해를 떠안아야 한다. 원금 수준에서 자유입출금 기능을 갖는 연금상품은 없다. 언제든지 기간 제약 없이 손해를 입지 않는 자유로운 입출금을 원한다면 연금보험이 아닌 은행의 수시입출금식 통장이나 종합자산관리계좌(CMA) 등을 활용해야 한다.

중도 인출한 금액을 다시 넣는 데도 수수료가 든다

보험설계사들은 돈이 필요하면 언제든지 중도 인출한 뒤 나중에 추가납입을 이용해 다시 넣으면 된다고 말한다. 하지만 이때 수수료를 내야 한다는 사실을 말해주는 이들은 거의 없다.

변액연금의 보험료를 납입하는 방식은 월 납입과 추가납입이 있다. 추가납입은 월 보험료를 내고 있는 한 언제든지 가능하지만 상품별로 그 한도가 다른데, 약정한 납입기간에 따라 추가납입 금액의 한도가 달라진다. 보통 기본 계약금액의 2배가 추가납입 한도라고 보면 된다. 보험회사나 상품에 따라 연간보험료 한도를 적용하거나 지금까지 납입한 누적보험료를 기준으로 적용하는 경우도 있다.

중도 인출 후 추가납입으로 다시 불입할 때에는 수수료를 내야 한다. 추가납입 보험료는 기본 월 납입 보험료에 비해 사업비가 25~33% 정도 낮다. 추가납입 수수료는 통상 납입보험료의 1~3.5% 수준이다. 2009년 2월 이전에 나온 상품 중에는 최대 7%에 이르는 경우도 있으므로 반드시 확인해봐야 한다.

중도 인출 vs 보험계약대출, 어느 쪽이 나을까

어쩔 수 없이 계약을 유지해야 하는 상황에서 돈을 꺼내 써야만 한다면, 중도 인출과 보험계약대출 중 어느 것이 나을까? 중도 인출한 금액을 다시 채워 넣으려 할 때의 추가납입 수수료와 보험계약대출 이자를 비교해야 한다. 중도 인출을 통해 돈을 사용했다가 다시 넣을 때에는 별도의 수수료를 내야 하기 때문이다. 보험회사마다 추가납입 수수료에 대한 정책이 다르므로 정확한 내용은 약관을 찾아보거나 콜센터를 통해 확인해야 한다.

예를 들어 1,000만 원이 필요해서 중도 인출과 보험계약대출을 이용한 뒤 이를 상환할 때의 비용을 계산해 보자. 보험계약대출 이자를 5%(공시이율 3.5%+가산금리 1.5%), 중도 인출 후 추가납입 수수료를 2%라고 하면 다음과 같은 비용 차이가 나타난다.

중도 인출과 보험계약대출 비교

구분	1개월	2개월	12개월	16개월	24개월
중도 인출 후 상환(수수료 + 공시이율 적용이자 상실 분)	229,167 (200,000+ 29,167)	258,334 (200,000+ 58,334)	550,000 (200,000+ 350,000)	666,667 (200,000+ 466,667)	900,000 (200,000+ 700,000)
보험계약 대출 이자	41,667	83,333	500,000	666,667	1,000,000

* 단위 : 원
* 공시이율을 적용하지 않을 때의 손실 : 2만 9,167원(=1,000만 원×3.5%÷12개월)
* 보험계약대출 이자 : 4만 1,667원(=1,000만 원×5%÷12개월)
* 추가적립 수수료 : 20만 원(=1,000만 원×2%)

중도 인출 후 한 달간 돈을 사용하고 다시 채워 넣었다고 해보자. 인출 금액인 1,000만 원에 대해 3.5%의 공시이율로 받을 수 있는 수익이 2만 9,167원이면 이에 대한 기회비용 상실이 발생한다. 또한 추가적립할 때의 수수료가 2%이므로 수수료 20만 원을 내야 한다. 이 비용을 모두 합치면 한 달간 1,000만 원을 사용한 데 따른 22만 9,167원의 비용이 발생한다. 두 달 후 인출 금액을 채워 넣으면 비용은 25만 8,334원이 된다.

반면 1,000만 원을 보험계약대출로 썼을 경우 한 달 대출이자는 4만 1,667원이다. 두 달 동안 사용하면 총 이자는 8만 3,333원으로 2배가 된다. 이런 식으로 계산하면 보험계약대출과 중도 인출 중 어느 것이 유리한지 판단할 수 있다. 이 사례에서는 16개월 이내라면 보험계약대출이 유리하고, 그 이상이면 중도 인출 후 추가 납입이 유리하다. 추가납입 수수료는 기간에 관계없이 돈을 입금할 때 한 번 발생하는 것이지만, 이자는 대출기간 중에 계속 증가하는 것이므로 생기는 차이점이다. 물론 기간이나 다른 조건이 달라지면 분기점도 달라질 것이다.

그러므로 어쩔 수 없이 연금보험 등을 담보로 돈을 찾아 써야 하는 상황이라면 사전에 계산을 해본 뒤 유리한 쪽을 선택하자. 다만 주의할 점은 어느 것을 선택하든지 계약의 해지로 이어지는 실효를 피하려면 납입기간 중에도 보험료를 계속 불입해야 한다는 점이다.

이것만은 꼭 알고 가자!

+ 연금보험 적립금을 중도 인출하면 연금 수령액이 줄어든다.
+ 단기간은 보험계약대출이 유리하지만, 기간이 길어지면 중도 인출 후 추가 납입이 유리하다.

19 세금은 적게 내고 연금은 '잘' 받는 노하우가 있다?

아직까지는 연말정산에서 당장 돌려받는 세금에만 관심을 두고 있지만, 앞으로는 어떻게 연금을 받아야만 절세 측면에서 유리한지에 대해서도 관심을 갖게 될 것이다. 인출 시기와 방법에 따라 부과되는 세금의 종류와 세율이 달라지므로 그 어느 때보다 전략적인 접근이 필요하다.

세액공제를 받지 못한 돈은 과세 대상이 아니다

연금저축계좌와 개인퇴직연금계좌의 적립금(추가납입분＋전체운용수익)은 연금으로 받느냐 아니냐에 따라 세율이 달라진다. 연금으로 받으면 연금소득세가 적용되고 연금이 아닌 형태로 받으면 기타소득세가 부과된다. 그런데 여기서 의문이 생길 수 있다. 하나는 '세액공제를 받지 않은 돈까지도 인출할 때 세금을 내야 하는가'이고, 또 하나는 '퇴직금을 연금으로 수령하면 무조건 3~5.5%의 세율이 적용되는가'라는 점이다.

세액공제를 받지 않은 돈은 원금에 한해서만 비과세 혜택이 적용된다. 세액공제를 받지 않는 돈을 운용해 수익이 났다면 수익을 얻은 부분에 한해서만 세금을 내면 된다. 이때 일반적인 금융상품처럼 15.4%의 이자소득세가 적용되는 것이 아니다. 연금으로 받는다면 연금소득세가 적용되고, 연금 외 수령이라면 기타소득세 16.5%가 적용된다. 현재로서는 비과세 혜택을 받으려면 별도의 증빙서류(연금보험료 소득·세액공제 확인서)를 금융회사에 제출해야 한다. 서류는 관할 지방 세무서나 국세청 홈택스(www.hometax.go.kr)에서 발급된다.

퇴직연금의 원금도 마찬가지이다. 퇴직금 원금은 세액공제 대상이 아니므로 연금소득세나 기타소득세 적용 대상이 아니다. 이때는 퇴직소득세를 분리과세 형태로 내야만 한다. 분리과세란 다른 소득과 합산해서 적용하지 않는다는 의미이다. 퇴직연금 중 부담금을 연금으로 받으면 30% 감면 혜택을 주지만 일시금으로 받으면 감면 혜택이 없다. 오로지 적립금에만 연금소득세가 적용된다.

연금수령 시 자금 원천에 따른 과세 분류

① 세액공제 받은 돈(연금소득세 부과)	③ ①과 ②를 운용해 얻은 이익 (연금소득세 부과)
② 세액공제를 받지 않은 원금(비과세)	④ 퇴직금의 원금 (퇴직소득세 부과, 30% 감면)

2013년 3월 1일을 기준으로
연금수령 조건이 다르다

퇴직연금계좌를 이용해 연금을 받으려면 55세 이상이면서 5년 이상 적립한 돈을 10년 이상 연금으로 수령해야 한다. 금액에도 제한이 있다. '연금수령 한도=(연금저축 평가액÷11−연금수령연차)×120%'라는 공식은 이미 많이 알려져 있다. 그런데 연금수령 한도 적용을 받지 않는 2013년 3월 1일 이전 연금저축 가입자는 수령 조건이 다르다. 수령자의 나이가 55세 이상이어야 하는 것만 동일할 뿐, 적립기간이 10년을 넘어야 하며 5년 이상 연금으로 받으면 연금소득세를 내게 된다.

만일 계좌이전 제도를 통해 연금저축계좌로 변경했을 때에는 어떻게 될까? 2013년 3월 이전에는 연금수령 기간에만 5년 이상이라는 조건이 있었고 금액의 제한은 없었다. 그래서 수령연차를 6년차에서부터 시작해 계산하는 방법으로 배려하고 있다. 예를 들어 40세에 연금저축에 가입해 만 55세가 된 현재 연금저축 평가액이 1억 원이라고 가정해보자. 55세에 바로 연금을 개시했을 경우 어떤 차이가 벌어지는지 알아보자.

- 2013년 3월 1일 이후 가입자 : {1억 원÷(11-1)} × 1.2 = 1,200만 원
- 2013년 3월 1일 이전 가입자 : {1억 원÷(11-6)} × 1.2 = 2,400만 원

위의 한도 내에서 연금을 받았을 때는 연금소득세가 적용된다. 연금소득세율은 연금 수령방식과 나이에 따라 다르다. 2013년 3월 1일 이후 가입자는 10년이 지난 후, 그 이전 가입자는 5년이 지난 후 금액 제한이 사라지고 이후 인출되는 연금에는 모두 연금소득세가 부과된다.

반면 금액제한 기간 중에 제한액을 초과하면 모두 '연금 외 수령'이 되어 기타소득세를 내야 한다. 참고로 퇴직금 중 회사에서 지급받은 돈은 55세 이상이면 언제든지 연금개시가 가능하지만, 추가 적립한 돈은 개인연금계좌와 동일하게 5년 이상 적립해야 한다는 기간 규정이 있다.

2016년 2월 기준으로 연금소득이 연간 1,200만 원이 넘으면 종합과세 대상이 된다. 종합과세 대상자가 되면 다른 모든 소득과 합산한 종합소득세를 내야 한다. 종합소득세율은 최저 6.6%에서 최고 41.8%에 달한다.

하지만 연금소득 합산방법을 알면 실제로는 겁낼 것이 없다. 연금소득을 합산할 때는 국민연금, 공무원연금 등 공적연금 수령액을 빼고 계산한다. 단지 연금저축계좌와 퇴직연금을 통한 연금수령액을 따져서 연간 1,200만 원 이하로 맞추면 되는 것이다. 더구나 퇴직연금은 2015년부터는 연금소득에 포함되지 않고 있다. 금융회사에서 원천징수하는 퇴직소득세를 내는 것으로 과세가 종결된다.

그래서 실질적으로는 연금저축과 추가적립 IRP만 해당되므로 연간 1,200만 원, 그러니까 월 100만 원을 연금으로 받으려면 납부액이 상당히 많아야만 한다. 설령 1,200만 원을 넘어갈 것 같다고 해도 연금 수령기간을 연장하면 충분히 세금을 아낄 수 있다. 예를 들어 연금 수령기간을 10년이 아닌 20년 정도로 늘리면 연간 수령액이 줄어들어 종합소득세 문제가 대부분 해결된다.

연금수령 가능 상품의 특징 비교

	구분	적용 세금	비고
연금 계좌	세액공제 원금, 전체운용수익	연금소득세	- 연금소득 연간 1,200만 원 이하 　연금소득세로 분리과세 - 초과 시 전액 종합과세
	퇴직금	연금소득세	- 추가 적립으로 세액공제 원금 및 　전체운용수익 - 세액공제 미적용 원금 비과세
		퇴직소득세	- 연금수령 시 퇴직소득세 30% 감면
개인연금저축 (1994~2000년)		비과세	- 연금수령 시 비과세 　단, 일시금은 이자소득세 적용
세제비적격 상품		비과세	- 10년 이상 유지 시 비과세 - 요건 비충족시 이자소득세 부과

'연금 외 수령'에 해당하면

연금은 자금 원천에 따른 세율이 다르다. 그렇다면 중간에 돈을 찾아 쓸 때에는 어떤 순서로 써야 할까? 당연히 연금이든 일시금이든 먼저 과세 제외 금액을 찾아서 사용하는 것이 좋다. 다음으로 미뤄지는 퇴직소득, 마지막으로 과세대상 소득 순서로 사용해야 유리하다.

퇴직금은 퇴직소득세 납부 대상이다. 퇴직소득세는 어차피 내야 할 세금이므로 두 번째 인출 대상으로 사용하는 것이 유리하다. 이때 과세대상 소득은 잘 생각해봐야 한다. 기타소득세는 16.5%가 부과되므로 맨 마지막에 인출했다가 연금개시 후 10년이 지나면 기타소득세 대상이 아닌 연금소득세 부과 대상이 되는 것을 기다려보는 것이 좋다.

퇴직 일시금 vs 퇴직연금, 어느 쪽이 절세에 더 유리할까?

지금까지 퇴직자들의 98%는 퇴직금을 일시금으로 수령했다. 하지만 이제는 연금으로 받는 것이 절세 측면에서 유리하다. 55세 이후 10년 이상 연금으로 수령하면 퇴직소득세를 30% 감면해주므로 실질 자금이 그만큼 증가하기 때문이다.

고소득자라면 연금으로 받아야 유리해지는 이유가 또 있다. 소득세법 개정으로 인해 2016년부터 퇴직소득세가 점차 높아진다. 퇴직소득세를 계산할 때 기본공제와 근속연수공제를 적용하는 것이다. 과거에는 퇴직금의 규모에 상관없이 기본공제를 40% 해주는 정률공제가 원칙이었는데 이 부분이 바뀌었다. 액수에 따른 차등공제로 변경된 것이다. 800만 원 이하는 100%, 7,000만 원 이하는 60%, 1억 원 이하는 55%, 3억 원 이하는 45%, 3억 원 초과는 35% 등으로 퇴직금이 많을수록 낮은 공제율을 적용해 세금을 높게 매기게 된다.

2016년 퇴직자부터는 기존 규정 80%에 개정 규정 20%를 적용받으며, 적용비율은 2020년까지 매년 20% 포인트씩 늘어난다. 근속연수 7년에 퇴직금으로 1억 5,000만 원을 수령한다고 가정하자. 2015년에는 1,021만 원의 퇴직소득세를 냈지만 2016년 퇴직한다면 1,143만 원, 2017년에는 1,264만 원, 2018년에는 1,386만 원을 내야 한다. 따라서 퇴직금 규모가 클수록 퇴직소득세를 30% 감면해주는 연금으로 받아야 세금 부담이 줄어든다.

이것만은 꼭 알고 가자!

+ 연금은 자금 원천에 따라 부과되는 세율이 다르다. 중간에 돈을 찾아 쓸 때에는 비과세 적용 금액부터 인출해야 세금을 적게 낸다.
+ 퇴직금을 일시금이 아닌 10년 이상 연금으로 받으면 퇴직소득세가 30% 감면된다.

사망 후 내 연금, 어떻게 될까

연금상품에 가입한 후 열심히 납입하던 가입자가 사망하는 경우가 있다. 이럴 때 연금은 누가 어떤 방식으로 받게 되는 걸까? 기본적으로는 유가족에게 적립금을 내주는 방식이며, 종신형연금보험인지 연금저축계좌인지 등 상품의 종류에 따라 약간씩 차이가 있다. 이 경우 세금을 얼마 내야 하는지 궁금해하는 이들이 많은데 이 또한 조건에 따라 약간씩 달라진다.

보험회사의 상품 중에는 사망보험금이 들어간 것들이 많다. 가입자가 연금개시 전에 사망하면 대체로 사망보험금과 적립액을 돌려주고 계약을 끝낸다. 특히 보험회사의 변액연금보험은 사망 시점의 적립금과 사망보험금을 함께 지급한다. 다만 투자실적이 좋지 않아 실제 사망보험금이 이미 납입한 보험료보다 적을 경우, 최저사망보증제도에 의해 이미 납입한 금액을 사망보험금으로 지급한다.

연금을 개시하고 일찍 사망하면 종신형연금보험 가입자는 손해를 볼 수 있다. 이에 대한 보완책으로 보증지급제도가 있다. 10년, 20년 등의 보증기간을 설정하고, 해당기간 내 사망해도 남은 보증기간 동안 연금을 상속인에게 지급하고 계약을 마무리짓는 것이다. 예를 들어 60세에 20년 보증 종신형으로 연금을 개시하고 9년 후 사망했다고 해보자. 보험회사는 남은 11년 동안 받기로 되어 있던 연금을 대부분 일시금으로 배우자나 유가족에게 지급한다. 만약 계약한 보증기간이 지난 후 사망했다면 잔여금 없이 바로 계약이 종결된다.

연금저축계좌 가입자가 연금개시 전에 사망하면 역시 그동안 쌓아놓은 적립금을 기준으로 상속인에게 연금을 지급한다. 연금저축보험은 변액보험의 적립금과 비슷한 개념인 책임준비금을 지급한다. 이외에는 연금보험과 동일한 방법으로 처리된다.

가입자가 일정기간 수령하는 확정형을 선택한 경우에는 정해진 기간 동안 남은 금액을 상속인에게 지급한다. 예를 들어 20년 동안 받기로 했는데, 10년째 되던 해 가입자가 사망했을 때는 남은 10년간의 금액이 지급된다. 이때 사망하지 않더라도 중간에 남은 금액을 일시금으로 받을 수 있다.

연금보험에서 사망이나 질병 등으로 보험금을 받은 경우에는 저축성보험의 차익으로 분류하지 않는다. 때문에 소득세는 부과되지 않지만 가입자의 사망으로 유족이 받은 보험금에 대해서는 상속세가 부과될 수 있다.

연금저축상품과 개인형 퇴직연금에 추가로 적립된 돈이라면 세금 계산이 한결 복잡해진다. 가입자가 연금개시 전에 사망하면 중도 인출 허용 사유에 해당되며, 이로 인해 세액공제를 받는 돈과 그렇지 않은 돈을 분리해서 세금이 부과된다. 세액공제를 받지 않는 원금에 대해서는 비과세 혜택이 적용되고, 나머지 돈에는 연금소득세를 적용해 이를 원천징수한다. 만약 연금개시 후 사망했어도 남은 적립금에 대해서 동일한 기준을 적용한다.

배우자가 물려받아 연금을 개시할 수도 있다. 가입자의 사망일이 속하는 달의 말일부터 6개월 이내에 신청해야만 승계가 가능하다. 단 가입기간은 5년 이상에 만 55세 이상이 되어야만 가능하다. 가입기간은 피상속인(사망자)의 가입일자를 기준으로 판단한다.

사망 전에 자녀에게 증여할 수 있다

연금저축증여를 약정한 후 증여를 신고하면 납입금액에 대해 연 6.5% 할인된 금액으로 인정받는다. 예를 들어 월 23만 원씩 연 276만 원을 미성년자 자녀에게 10년 불입함을 약정하고 증여를 신고한다고 해보자. 이때 원금은 2,760만 원이지만 증여재산 평가액은 매년 6.5% 할인하여 계산된 1,984만 원으로 인정해준다.

2,760만 원을 받은 자녀의 경우 세액공제 여건을 충족하지 못하면 세액공제를 받을 수 없다. 단, 자녀가 향후 직장에 들어가서 세액공제 여건이 채워진다면 그때는 자녀 명의로 공제를 받을 수 있다. 공제받지 못했던 2,760만 원을 세액공제 납입금액으로 전환할 경우 매년 저축연금의 연간 공제한도인 400만 원씩 세액공제 신청

이 가능하다. 만약 자녀가 별도로 납입하는 연금저축이 있다면 해당 연금저축액을 합하여 400만 원 한도 내에서 세액공제를 받을 수 있다.

4장

100세 시대를 이기는 연금 사용 설명서

똑똑한 소비자가 알아야 할 가입절차 10계명

연금상품에 제기되는 민원에는 일정한 패턴이 있다. 설명보다 수익률이 낮았다거나, 저축성 상품인 줄 알았는데 주식에 투자하는 상품이었다거나, 중도 해지했더니 납입원금보다 한참 부족한 돈을 받았다는 식이다. 이는 판매자가 상품의 단점이나 위험성을 잘 알려주지 않아서이기도 하고, 가입자가 상품의 약관을 꼼꼼하게 읽지 않은 영향도 크다.

이제는 예전처럼 단순하게 예금이나 적금으로만 돈을 불려나가는 시대가 아니다. 가입자가 직접 운용해야 하는 복잡한 구조를 지닌 상품들이 나날이 많아지고 있다. 그럴수록 상품의 내용을 제대로 살펴보고 이해하는 것이 가장 중요하다.

모르면서 한 서명,
내 발목을 잡는다

계약할 때 가입자의 자필 서명을 강화한 취지는 불완전판매를 막으려는 의도였다. 하지만 애초의 취지와는 다르게 나중에 가입자들이 금융회사에 대항하지 못하도록 만드는 일종의 족쇄가 되고 있다는 사실이 문제이다. 시간이 흐른 뒤 상품에 대해 잘못 이해하고 계약을 맺었다는 것을 알게 되어도 자필 서명이 올무가 되어 되돌릴 수 없는 경우가 많다. 자필 서명은 가입자가 해당 상품에 대해 충분히 설명을 들었고 이를 이해했다는 뜻이기 때문이다.

민원 사례

3년간 월 5,000만 원을 납입하는 18억 원짜리 변액연금보험에 가입했다. 4개월분을 납입한 뒤 설계사가 설명한 내용이 미심쩍어 보험료를 내지 않았다. 2개월 후 계약이 실효되었는데 해지환급금으로 한 푼도 받지 못했다.

한동안 세간을 시끄럽게 했던 사례이다. S씨는 월 보험료가 5,000만 원으로 고액인데도 해지환급금을 전혀 받지 못하자 금융회사를 상대로 민사소송을 걸었다. 불공정 행위에 해당하므로 계약을 무효로 해달라고 주장한 것이다. 더불어 보험회사에서 해지환급금이 0원이 될 수도 있다는 중요한 내용을 설명하지 않았으므로 사기에 의한 계약이라고도 주장했다.

법원은 어떤 판결을 내렸을까? 안타깝게도 법원은 보험회사의 손을 들어주었다. 계약자가 보험약관과 가입자 보관용 청약서 등에 자필로 서명한 점을 중시한 것이다. 이 사건은 청약서에서 자필 서명이 갖는 중요성을 새삼 알려주는 판례가 되었다.

물론 문제가 발생했을 때 자필 서명을 무효화할 수 있는 방법이 있긴 하다. 금융회사나 판매 담당자가 불완전판매였다는 사실을 인정하고 확인해주면 된다. 하지만 이들이 손해를 감수하고 불완전판매를 인정해줄 가능성은 매우 낮다.

'호구'가 되지 않는
가입절차 10계명

연금보험에 가입할 때는 아래 사항을 반드시 유의해야 한다.

하나, 창피하다 여기지 말고 이해될 때까지 묻고 또 물어라

가입 전에 계약 내용에 대해 구체적이고 적극적으로 설명을 요구해야 한다. 이해가 되지 않으면 몇 번이든 반복해도 좋다. 적립금, 공시이율 등 낯선 용어들이라 모르겠다면 "내가 이해할 수 있는 말로 설명해 달라"고 요구하자. 나중에 손해를 보면서 중도 해지하는 것보다 백 번 낫다.

무슨 뜻인지 모르는 용어를 잔뜩 늘어놓으며 쉽게 설명하지 못한다면 판매자부터 상품에 대해 제대로 이해하지 못하고 있거나 혹은 의도적으로 약점을 감추려 어려운 말을 쓰고 있을 가능성이 높다.

둘, 깨알 같은 글씨로 적힌 내용은 반드시 읽어보자

계약할 때 설계사의 구두 설명만 믿고 가입하는 것은 금물이다. 추후 분쟁이 발생했을 때 모든 것은 약관의 내용에 따라서 처리되기 때문이다. 그러므로 약관의 요약본인 상품요약서 등을 바탕으로 설명을 들어야 한다. 설명을 들을 때에는 약관 어디에 그런 내용이 있는지 짚어달라는 식으로 확인·대조해가며 듣는 것이 좋다.

또한 깨알 같은 작은 글씨나 기호를 사용해 주석을 달아놓은 부분은 지나치기가 쉽다. 읽어봐도 무슨 말인지도 모르고 복잡해 보이기 때문이다. 하지만 정작 중요한 사항은 상당 부분 거기에 감춰져 있다. 1990년대 연금보험의 가입자들도 금리가 변동될 수 있다는 주석 내용을 무심코 지나쳐버렸다가 훗날 피해자로 전락했다. 깨알 글씨, 덜 중요한 내용으로 여기고 무시했다간 큰코다친다.

셋, 어떤 구조로 수익률이 나는 상품인지 따져 묻자

연금보험 가입자들의 주된 불만은 계약시점의 예시액보다 적은 연금을 지급받았다는 것이다. 만약 금리연동형상품이라면 납입기간 중의 금리만 따져서는 안 된다. 연금개시 후 적립금에 대해 납입기간과 동일한 공시이율을 적용하는지, 아니면 최저보증이율을 적용하는지 등을 꼼꼼하게 확인해야 한다. 사업비 또한 마찬가지이다. 얼마가 어떻게 빠져나가는지를 제대로 알고 계약해야 불완전판매 가능성을 차단할 수 있다.

넷, 보험료 납입기간과 연금 수령기간을 살펴라

연금보험은 보험료를 내는 기간과 연금을 받는 기간이 다르다. 매달 내는 방식, 3개월 단위로 내는 방식 또는 일시납 등이 있다. 10년납처럼 정해진 기간만 납입할 수도 있고 전기납 형태로 연금개시 직전까지도 납입할 수 있다. 이처럼 납입기간을 따져봤으면 그 다음에는 연금을 언제부터 어떻게 받을 수 있는지 지급 조건을 꼼꼼히 살펴보자.

다섯, 갱신형 특약은 보험료 인상으로 이어진다

특약을 선택할 때 많은 사람들이 저지르는 실수가 바로 당장의 보험료와 보장 내용만 따지는 것이다. 갱신형인지 비갱신형인지 분명하게 확인하고, 갱신형이라면 몇 년 주기로 보험료가 증가하는지 꼭 살펴봐야 한다. 대개 3년 주기로 변하며 나이가 들면 위험률이 높아져 보험료 인상이 가속화되는 경향이 있다.

또한 보장기간을 확인해야만 낭패가 없다. 흔히들 보장기간에 대해서 오해한다. 주계약과 함께 청약하다 보니 특약이 연금 지급 시기에도 함께 보장되는 것으로 착각하는 것이다. 하지만 대부분의 특약 보장기간은 연금개시 직전까지이다.

여섯, 반드시 콜센터 직원을 통해 재차 확인하자

일단 설명을 들은 다음에도 이해가 되지 않거나 확인하고 싶은 부분이 생길 수 있다. 설계사에게 재차 물어봤을 때 "이렇게 적혀 있지만 실제로 그렇진 않아요"라는 말을 들었다면 무조건 의심하자. 앞서 말했듯이 모든 것은 약관의 내용대로 적용되기 때문이다. 이럴 때는 콜센터를 통해 주요사항을 확인하는 것이 좋다. 콜센터와 상담한 내용은 녹음하게 되어 있으므로 상담원들은 약관을 중심으로 설명한다. 또 콜센터 상담원들은 별도의 판매 수당을 받지 않아서 적극적으로 계약을 성사 혹은 유지시킬 동기가 강하지 않으므로 이들로부터 객관적인 설명을 들을 수 있다.

일곱, 자필 서명 전에 다시 한 번 생각하라

모든 계약 내용을 확인했고 문제가 없다면 청약서를 작성한다. 청약서 및 상품설명서 마지막 부분에는 계약자가 설명을 들은 내용과 판매 상황에 대해 간단한 자필 서술과 서명을 하도록 되어 있다. 때문에 형식적으로 기입했다가는 훗날 문제가 생겨도 대항할 수 없다. 나중에 유관기관과 법원이 금융회사 편만 들어준다고 아무리 따지고 불평해 봐야 소용이 없다.

그러므로 관련 내용을 완전히 이해했는지 판단한 뒤 서명하는 것이 무엇보다 중요하다. 이때 보험 계약자와 피보험자가 다르다면 각각 서명해야 한다. 이를 어기면 계약 자체가 무효가 되어 나중에 보험금(연금)을 제대로 지급받기 어렵다.

여덟, 숨겨봐야 보험회사 좋은 일만 시킨다

청약서에는 가입자가 계약 전 알릴 의무, 그러니까 고지 의무사항에 대한 질문이 있다. 재해나 질병 보장과 관계있는 특약 상품에 가입할 때에는 과거 병력 등도 기재해야 한다. 설계사와 상담할 때 이야기했다고 해서 알리지 않으면 보험료를 잔뜩 내고도 나중에 보험금을 못 받거나 액수가 대폭 삭감될 수 있다.

보험회사에서 보험금을 지급할 때는 건강보험공단을 통해 가입자가 국내에서 치료받았던 과거 병력이 모두 조회된다. 요즘 보장성보험에서는 고지 의무를 성실하게 이행하지 않았다는 이유로 보험회사에서 보험금을 주지 않는다는 불만이 급증하고 있다. 보험회사에 빌미를 주지 않기 위해서는 사소한 내용이라도 솔직하게 기재해야 한다.

아홉, 음성 녹취도 자필 서명과 동일한 효력을 발휘한다

대면 계약이 아닐 경우 자필 서명 대신 음성 녹취로 대신할 수 있다. 본사에서는 가입자가 직접 금융회사 지점이나 대리점에 가서 계약한 것이 아닐 경우, 자필 서명을 했어도 상품에 대한 설명을 제대로 들었는지 혹은 가입 당사자가 맞는지 재차 전화로 확인한다. 그래서 설계사나 모집인들은 본사에서 전화가 왔을 때 무조건 '예'라고 대답하라고 말한다. 그런데 음성 녹취도 자필 서명과 동일한 효력을 지니므로, 이해되지 않는 부분이 있으면 '아니오'라고 분명하게 말하고 계약 내용을 다시 살펴봐야 한다.

열, 보험증권까지 확인해야 계약이 성사된 것이다

계약이 성사되면 가입자는 보험증권을 받는다. 보험증권의 내용까지 계약 내용과 정확히 일치해야 계약 절차가 완전히 끝난 것이다. 막상 계약을 했지만 마음에 들지 않으면 청약철회권을 활용하자. 보험증권을 받은 후 15일 내 철회해도 문제없다.

이것만은 꼭 알고 가자!
+ 모든 것은 약관이 기준이다. 약관에 없는 설명은 믿지 마라.
+ 어쨌든 자필 서명을 했다면 추후 문제가 생겨도 보호받기 어렵다. 또한 음성 녹취도 자필 서명과 동일한 효과가 있다.

상품요약서,
눈 딱 감고 한 번만 읽자

대부분의 사람들이 정확한 상품 내용을 모른 채 금융회사나 판매자의 말만 믿고 선택한다. 물론 금융회사의 횡포와 발뺌에 제대로 대항하기 위해 보험약관이나 투자설명서, 운용보고서 등 관련 문서를 꼼꼼히 읽어야 한다는 것을 모르는 사람은 없다. 그렇지만 평소에 사용하지 않는 어려운 용어와 복잡한 상품 구조 등으로 인해 판매자의 설명에 주로 의존할 수밖에 없는 것이 현실이다.

만약 연금보험상품의 약관을 꼼꼼하게 읽기 어렵다면 약관을 정리한 상품요약서부터 살펴보자. 펀드의 투자설명서 역시 난해하게만 느껴진다면 간이 투자설명서의 도움을 받을 수 있다.

보험약관에는 전문적인 금융용어는 물론, 자세한 보장내역이 모두 포함되어 있다 보니 어렵게 느껴진다. 그렇지만 약관에는 상품과 관련된 모든 내용이 상세하게 적혀 있으므로 반드시 약관을 읽고 이해해야 한다. 그나마 쉽게 보는 요령이 있다면 약관 앞부분에 있는 상품요약서를 집중적으로 보는 것이다.

약관의 전체적인 구성은 '용어의 정의 → 보험금 지급 → 계약자의 의무 → 보험계약의 성립과 유지 → 보험료의 납부' 순으로 대체로 비슷하고 상품의 특성에 따라 여러 부수적인 내용이 추가된다. 이중 가입자 유의사항, 주요 내용 요약, 보험용어, 보험금의 지급과 지급제한 사항, 조기 연금개시에 관한 사항, 해지환급금에 관한 사항, 사업비 등의 순서로 보는 것이 좋다.

 '가입자 유의사항' 역시 유심히 살펴볼 부분이다. 회사가 보험금 지급과 관련해 제한할 수 있는 사항, 보험차익 비과세 관련 내용, 해지환급금 지급에 대한 내용 등 다소 민감한 사안이 들어 있으므로 정확히 숙지할 때까지 반복해서 읽어보는 것이 좋다.

'보험료'와 '보험금'은 다른 말이다

'보험료'와 '보험금', 무엇이 다를까? 경제전문기자들도 혼동하는 것이 이 두 단어의 정확한 뜻이다. 비슷한 말 같지만 의미는 전혀 다르다. 보험료는 보험 가입 후 가입자가 보험회사에 내는 돈이고, 보험금은 가입자가 보험회사로부터 지급받는 돈을 말한다. 가입자가 보험료를 내는 기간은 납입기간, 보장을 받는 기간은 보험기간이 된다.

보험 계약자 vs 피보험자 vs 보험 수익자

보험 계약자는 보험회사와 계약을 맺고 보험료를 납부하는 사람을, 피보험자는 보험의 대상이 되는 사람을 말한다. 보험 수익자는 연금이나 보험금을 받는 사람이다. 자신이 보험료를 내고 계약을 했지만 배우자가 연금을 받는 계약이라고 해보자. 그러면 '자신=보험계약자'이고 '배우자=피보험자=보험 수익자'가 된다. 이 세 주체는 경우에 따라 모두 같거나 다를 수 있다. 단, 납입기간 동안 세제 혜택을 받는 세제적격 연금보험이라면 모두 같아야 한다.

주계약과 특약, 어떻게 다를까

주계약이란 보험계약의 가장 기본이 되는 보장 항목에 대한 계약이다. 특약은 주계약에 더하거나 뺄 수 있는 항목이다. 상품마다 주계약에 넣을 수 있는 특약이 정해져 있고, 주계약 대비 부가 비율도 각각 다르다.

보험회사는 절대 신청하지 않은 보험금은 지급하지 않는다. 연금보험의 특약으로 건강 관련 특약을 선택했다면 어떤 경우에 보장받을 수 있는지 확인해야 한다. 당연히 질병의 보장 범위가 넓은 상품이 유리하다. 약관에서 어떤 질병코드를 보장하는지 확인하고 특약을 선택하는 것이 좋다.

보험약관, 이런 내용들은 절대 놓치지 마라

연금저축신탁의 약관은 보험약관에 비하면 보기 쉬운 편이다. 용어 정리, 입금방법, 이익 계산방법, 연금개시 후 지급방법, 운용자산과 운용보수, 신탁보수 및 수수료, 세제 혜택 등 상품의 특성이 나열되어 있다.

반면 연금저축펀드 등 개인이 직접 투자하는 상품의 투자설명서는 보기가 쉽지 않은 편이다. 펀드 투자설명서는 대개 50쪽 정도로 구성되어 있다. 보통 '표지부 → 목차 → 투자 유의사항 → 모집 또는 매출에 관한 사항 → 집합투자기구에 관한 사항 → 집합투자기구의 재무 및 운용실적 등에 관한 사항 → 집합투자기구 관련 회사에 대한 내용 → 기타 투자자 보호를 위한 사항 → 첨부서류에 관한 내용 → 용어 설명'으로 이루어져 있다.

투자설명서를 보려면 '집합투자'라는 용어와 친해져야 한다. 집합투자란 2인 이상의 투자자로부터 자금을 모아 금융상품 등에 투자하여 그 성과를 투자자에게 돌려주는 것을 말한다. 펀드는 집합기구라는 말로도 표현된다.

약관의 본론은 이것들을 중심으로

다소 복잡한 내용일 수 있지만 약관을 검토할 때 반드시 보아야 하는 내용들에 대해 짚고 넘어가자. 약관의 본론 부분으로 들어가면 '모집 또는 매출에 관한 사항'이 앞쪽에 보인다. 처음에는 상품의 명칭, 종류 및 형태, 모집금액, 모집방법 등의 내용이 있다.

펀드는 자금을 계속 불입할 수 있느냐 없느냐에 따라 추가형과 단위형으로 나누어진다. 중간에 추가불입을 하거나 매월 적립식으로 투자하려고 한다면 추가형만 가능하다. 또한 투자금을 언제든지 찾을 수 있는지, 일정 기간 동안은 찾을 수 없는지에 따라 개방형과 폐쇄형이 있다. 폐쇄형이라면 정해진 기간 동안 자금을 찾을 수 없다.

‘집합투자기구에 관한 사항’은 가장 자세히, 반복해서 보아야 한다. 펀드를 운용하는 회사의 내용부터 본다. 해외펀드는 해외운용사에서 위탁운용을 하는 경우도 많다. 여기에는 펀드를 운용하는 책임운용 인력에 대한 소개도 함께 있다. 또 주식이나 채권에 대한 투자전략 및 비교지수인 벤치마크 지수를 살펴볼 수 있다. 벤치마크란 펀드의 투자 성과를 측정하는 지수이다.

‘투자위험 부분’에서는 개별 종목 위험, 투자자금 회수위험, 투자신탁 해지위험, 과세위험 등을 상세히 다룬다. 또한 해당 펀드의 투자등급, 매입과 환매 시 기준가격을 어떻게 적용하는지 알 수 있다. 기준가격은 펀드를 환매할 때 매우 중요하다. 손에 쥘 수 있는 환급액과 연결되므로 해당 펀드에 몇 일째의 주식시장 종가가 적용되는지 알고 있어야 한다. 국내펀드는 약 4영업일, 해외펀드는 투자대상 국가에 따라 약 6~8영업일쯤 소요된다. 기준가격 다음에는 보수와 수수료에 관한 사항, 과세방법 등이 소개된다.

다음은 ‘집합투자기구의 재무 및 운용실적 등에 관한 사항’이다. 말이 어렵지만 재무 정보, 연도별 설정 현황, 운용실적 요약 재무정보 등이라고 보면 된다. 여기서는 펀드 매매회전율이라는 것도 볼 수 있다. 해당 펀드가 운용기간 동안 주식을 얼마나 사고팔았나를 알려주는 수치이다. 주식을 사고팔 때 수수료 등 비용이 든다는 점을 감안한다면, 매매회전율이 평균 이상으로 높은 것은 그만큼 수수료가 많이 빠져나갔다는 말이 된다.

연도별 설정 및 환매 현황도 볼 수 있다. 자금 유입과 포트폴리오 시가가 반영된 수탁고 추이를 통해 펀드의 규모가 커지고 있는지 아닌지를 확인해봐야 한다. 수탁고가 지속적으로 작아지고 있다면 펀드 투자자들이 자금을 빼고 있는 것이므로 투자하기 부적합하고, 수탁고가 꾸준히 늘고 있다면 투자자가 늘고 있으므로 관심을 가져도 되는 펀드로 판단한다.

다음으로 '집합투자기구 관련 회사에 대한 내용'에는 운용관련 및 수탁회사 등에 대한 내용이 있다. 그리고 '기타 투자자 보호를 위한 사항' 항목에는 수익자 총회를 소집하거나 펀드에 대한 의결권 행사 같은 투자자의 권리에 대한 설명이 있다. '첨부서류에 관한 내용'에서는 예비투자설명서와 간이투자설명서의 존재를 알려주고 마지막으로 '용어 설명'으로 끝난다.

처음부터 투자설명서를 꼼꼼히 읽기 어렵다면 10~15쪽 분량인 간이 투자설명서를 봐도 좋다. 적어도 3~4개 이상의 펀드를 '집합투자기구에 관한 사항'과 '집합투자기구의 재무 및 운용실적 등에 관한 사항' 중심으로 비교해보면 우열을 살피는 데 도움이 된다.

펀드의 성적표 '자산운용보고서'

자산운용보고서를 통해 해당 펀드의 수익률과 보유자산, 특징 등을 모두 알 수 있다. 우선 펀드의 재산 현황을 통해서 자산 규모의 변화를 알 수 있다. 자산 규모가 지속적으로 증가하면 사람과 돈이 몰리는 펀드라고 판단해도 좋다. 운용성과는 기간별과 연평균 수익률 등으로 확인할 수 있는데, 이때 단지 수익률이 몇 %인지만 볼 것이 아니라 벤치마크 지수도 함께 활용해야 한다.

흔히 펀드에 이익이 발생하면 좋은 펀드, 손해가 발생하면 나쁜 펀드라고 생각한다. 하지만 이는 잘못된 관점이다. 펀드 자체 수익률만으로는 펀드의 좋고 나쁨을 평가할 수 없기 때문이다. 예를 들어 지난해 주식시장이 평균적으로 연간 20% 넘게 상승했는데 내가 투자한 주식형 펀드는 15%만 수익을 냈다면 이는 저수익 펀드라고 할 수 있다. 적어도 20% 이상의 수익을 내야만 제대로 운용한 것이다. 반대로 주식시장이 평균적으로 20% 폭락했지만 내 펀드는 10%만 떨어졌다면 선방한 것이 된다.

이밖에 투자운용 전문인력 현황에서는 담당 펀드매니저의 주요 경력과 전문성 여부를 판단할 수 있다. 펀드매니저가 언제 변경되었는지도 함께 알 수 있는데 자주 변경된 펀드라면 문제가 있는 것은 아닌지 의심해봐야 한다.

한편 매매회전율이란 주식이나 채권 같은 투자 대상을 얼마나 자주 사고팔았는지를 보여준다. 매매회전율이 높을수록 적극적으로 투자했다고 볼 수 있지만, 생각만큼 수익이 나지 않는다면 그만큼 거래비용이 증가해 전체 수익을 깎아먹을 수 있다. 매매회전율의 좋고 나쁨을 판단하는 절대적인 수치는 없다. 이때는 유사한 펀드 몇 개를 골라 비교해보는 것이 좋다.

총 보수인 TER(Total Expense Ratio)도 살펴봐야 한다. 이는 운용보수, 판매보수, 수탁보수, 사무관리보수를 합한 것을 말한다. 그런데 투자설명서에는 이에 대한 설명이 없다. 이유는 TER이 예측 가능한 것이 아니라 실제로 운용해봐야 알 수 있는 부분이기 때문이다.

23 잘못된 결정인 걸 알았다면 지금 당장 STOP!

만약 상품을 계약했지만 잘못된 결정을 내렸다는 생각이 들면 어떻게 해야 할까? 개인연금 세제 혜택을 받는 연금보험, 연금저축신탁이나 연금저축펀드인 경우에는 계약을 해지할 필요 없이 납입을 중단하면 된다. 계좌이전제도를 통해 마음에 드는 다른 연금저축 상품으로 갈아타는 것도 하나의 방법이다. 연금저축신탁, 연금저축펀드, 연금저축보험 서로 간에 변경이 가능하기 때문이다.

하지만 개인연금 외에 보험회사의 연금상품인 연금보험과 변액연금보험 등은 다른 상품으로 변경할 수 없다. 오로지 그대로 계약을 유지하거나 해약하거나 양자택일만 가능하다. 연금보험은 이처럼 장기간 투자하는 상품인만큼 잘못된 선택을 하면 피해가 크고 오래갈 우려가 있다.

보험도 반품된다, 이상하면 따져라

연금보험 등에 가입한 후 자신에게 맞지 않는 상품에 가입했다며 후회할 수도 있다. 그럴 때 계약을 무효화할 수 있는 권리가 바로 청약철회권이다. 전체 보험 계약 100건 중 5건 정도에서 청약철회권이 행사된다. 청약을 철회할 때 이유는 무엇이든 상관없지만 기간의 제한은 있다. 청약일로부터 30일 내에 철회 의사를 표시해야 한다. 또한 청약일로부터 30일 이내라 해도 보험회사로부터 보험증권을 받고 15일이 지난 경우에는 청약철회를 할 수 없다.

민원 사례

B사의 상품에 가입했다가 가입 11일 후 콜센터로 청약철회를 요구

했다. 콜센터는 영업점의 담당자를 통해서 철회하라며 바로 처리해주지 않았다. 그런데 보험을 판매한 설계사가 계약을 유지하라며 끈질기게 연락이 와서 곤욕을 치렀다.

보험회사가 청약철회를 고의로 늦추고 방해하는 상황으로 종종 접수되는 민원이다. 원래 가입자가 청약철회를 요청하면 보험회사는 내부 절차와 무관하게 처리해주도록 되어 있다. 가입자가 철회하겠다는 내용의 청약철회청구서를 작성하여 등기로 보내거나 콜센터를 통한 신청, 보험회사 직접 방문 등 어떤 방식을 취하든 보험회사는 철회 신청을 받아들여야 한다.

또한 청약철회를 신청하면 가입이 즉시 취소되면서 3영업일 이내에 보험료를 돌려줘야 한다. 이를 초과해 환급받았다면 해당 보험약관에서 정한 대로 지연이자를 받을 수 있다. 때문에 대부분의 보험회사들은 지연이자를 물지 않기 위해 청약철회를 신청하면 바로 해결해준다.

다만 일부 청약철회가 불가능한 상품들이 있다. 건강진단 계약이나 보험기간이 1년 미만인 단기 계약, 자동차보험, 타인을 위한 보증보험, 단체보험 등이다. 또한 청약서를 작성하고 자필로 서명했다 해도 첫 보험료를 납입하지 않았다면 철회할 수 있다. 이때는 계약이 성립된 것이 아니므로 콜센터 등에 연락해 바로 해지를 통보하면 된다.

3개월 이내라면 보험품질보증제도를 활용하자

'보험품질보증제도'라는 것이 있다. 계약자가 보험에 가입할 때 보험약관과 계약자 보관용 청약서(청약서 부본)를 전달받지 못했을 경우, 청약서에 자필 서명을 하지 않았을 경우, 약관의 주요 내용에 대해 설명을 듣지 못한 경우 등은 보험품질보증제도를 이용해 계약을 취소할 수 있다.

다만 보험품질보증제도를 이용해 계약을 취소하려면 청약일로부터 3개월 이내에만 해야 한다. 이 말은 3개월 동안은 계약이 확실히 성립한 것이 아니라는 뜻이다. 사실 보험증권, 청약서 부본 그리고 약관 중 하나라도 못 받으면 보험계약 취소 사유가 되므로 못 받는 경우는 거의 없다. 문제가 되는 경우는 상품에 대한 설명을 제대로 듣지 못했을 때이다. 상품에 대해 잘 모르고 계약했다면 이는 불완전판매에 해당하므로 취소할 수 있는 것이다. 3개월이 지나면 계약이 성립된 것이라 취소하기가 매우 어렵다.

신청과 절차는 청약철회권 행사와 동일하다. 중도 해지와 다른 점이 있다면 이미 납입한 보험료와 보험료를 받은 기간에 대한 이자까지 다 받을 수 있다는 것이다. 만일 계약 후 3개월이 지나지 않았는데도 보험회사가 불완전판매를 인정하지 않거나 해지를 거부해 금융감독원에 민원을 제기하고자 한다면, 국번 없이 1332를 이용하거나 금융감독원 홈페이지(www.fss.or.kr)에 접수하면 된다. 민원을 접수하면 금융감독원은 3개월 안에 조정안을 마련해 준다.

이때도 금융회사들이 핑계를 대면서 금융감독원의 조정안을 따르지 않으면 소송지원제도를 이용할 수 있다. 이 제도는 금융감독원이 소비자에게 변호사 수임료 등 소송비용 일체를 지원해주는 것이다. 이밖에 금융소비자연맹(www.kfco.org)을 이용해도 된다.

설명과 보험증권 내용이 다르면 바로 철회하자

보험회사의 연금상품에 가입할 때 청약서까지 작성하면 그것으로 모든 계약 절차가 끝난 줄 아는 사람들이 많다. 그래서 계약에 찜찜한 부분이 있어도 그냥 넘어가기도 한다. 하지만 보험증권을 받은 후 내용 중 하나라도 약관과 다르거나 설명 받은 내용과 다른 것이 있다면 증권 수령 후 15일 안에 철회해야 한다.

회사와 상품마다 보험증권을 제공하는 양식이 조금씩 다르지만 살펴보아야 할 부분은 동일하다. 연금보험증권은 기본계약정보, 보험료 및 가입금액, 연금 지급형태, 연금개시 후 받게 될 연금액 등으로 이루어져 있다. 앞표지가 따로 있는 경우에는 가입 시 유의사항과 예금자 보호 여부가 명시되어 있다.

이중 기본계약정보 항목을 꼼꼼하게 살펴보아야 한다. 항목에는 계약자의 이름, 피보험자, 보험의 종류, 납입기간, 연금 지급개시 나이, 연금개시 전 보험기간과 연금개시 후 보험기간, 납입주기, 연금 지급형태 등의 항목이 있다. 여기에 모든 계약 내용이 요약되어 있다.

보험증권을 보는 요령을 짚고 넘어가면, 우선 계약자와 피보험자의 이름이나 나이가 맞는지 살펴보는 데서 시작한다. 그 다음은 연금보험증권인 만큼 연금개시 전 보험기간과 연금개시 후 보험기간을 봐야 한다. 거기에는 연금개시일자가 적혀 있다.

또한 명시된 연금 지급형태가 자신이 선택한 방식인지 보자. 종신형을 선택했다면 '종신형 10회 보증' 같은 식으로 적혀 있다. 확정형의 경우도 '10회, 20회' 이런 식으로 적혀 있다. 상품마다 조금씩 다르지만 연금개시 이전까지는 개시일자와 수령방법을 조정할

수 있다. 연금 지급형식이 자신이 선택한 것과 같은지 확인했다면
가입금액과 보험료 금액이 맞는지 확인하고 사업비를 살펴보자.

만일 특약을 선택한 것이 있다면 특약명이 일치하는지, 가입금
액과 보험료 금액이 맞는지 확인하면 된다. 연금예시지급표는 참
고하는 정도로만 보자. 다달이 금리가 변하는 공시이율을 바탕으
로 산출한 것이라 어차피 맞는 액수가 아니다.

보험증권은 잃어버리면 큰일난다?

보험증권, 청약서 부본 그리고 약관 중에서 하나라도 분실하면 나
중에 큰 손해를 보는 줄 아는 사람들이 많다. 물론 이들 모두 계약
을 체결했다는 사실을 증명하는 증서이므로 중요한 문서임은 맞다.

하지만 3개월 내에 보험품질보증 해지를 하지 않았다면 계약은
확실히 성립한 것이다. 그 이후에는 갖고 있으면 좋은 것이지 반드
시 지니고 있어야 하는 것은 아니다. 요즘은 보험회사들이 전산 작
업을 통해 모든 자료를 보관하고 있다.

보험증권을 분실했을 때는 보험회사의 홈페이지나 고객센터에
증권 재발급을 신청해 다시 받을 수 있다. 약관도 언제든지 홈페이

지에 들어가면 내려받을 수 있다. 모든 보험회사는 홈페이지를 통해 판매 중인 상품은 물론, 판매가 중지된 상품까지 약관을 공시하고 있다. 대부분은 홈페이지 메인 화면에서 '공시실 → 상품공시실 → 상품목록순서'로 가면 된다. 약관을 클릭하면 가입 상품의 보험 약관을 다운받을 수 있다.

하지만 계약서라 할 수 있는 청약서 부본은 분실하면 재발급되지 않는다. 사본이라도 내용을 봐야 한다면 보험회사가 사본을 보유하고 있으므로 보여달라고 요청하면 된다. 청약서 부본에는 자필 서명이 들어가야 하므로 회사가 사본을 가지고 있더라도 그것을 이용해 위변조할 가능성은 거의 없다. 따라서 본인은 없고 회사만 가지고 있다고 걱정하지 않아도 된다. 물론 처음부터 보험증권, 청약서 부본 그리고 약관을 분실하지 않도록 잘 보관하는 것이 가장 좋다.

특약상품,
쉽게 보다가 큰 코 다친다

연금보험 중 의료비를 보장하는 것들이 있다. 극히 일부를 제외하면 대개는 특약 형태로 선택하도록 되어 있다. 특약의 대부분은 일정 주기에 따라 보험료가 조정되는 갱신형이다. 주계약인 연금보험의 납입액은 임의로 조정하지 않는 한 동일하게 납입해야 하지만, 갱신특약은 몇 년에 한 번씩 보험료가 조정되면서 전체 보험료를 인상하게 만든다. 연령 증가는 물론 의료시설 이용 증가, 의료단가 상승, 물가상승분 등을 반영하여 보험료를 결정하므로 나이가 들수록 보험료가 눈덩이처럼 불어날 가능성이 있다.

특약은 자신에게 꼭 필요한 것만 선택해야지, 단지 몇 만 원 추가하는 것이라고 가볍게 판단해서는 안 된다. 납입기간 중에 보장

받은 것도 없이 보험료에 부담을 느끼고 특약을 중도 해지했다가 손해를 입은 사례가 많다. 차라리 그 돈으로 주계약인 연금보험에 추가납입하는 것이 더 낫다.

무엇보다 대부분의 연금보험 특약은 연금이 개시되면 사라진다. 만약 이런 내용을 제대로 모르고 가입했다면 불완전판매가 발생한 것이다. 이 경우에는 부분 해지도 가능하므로 청약을 철회하는 것이 가장 간단하고, 3개월 안에라도 보험품질보증제도를 이용해 계약을 취소해야 한다.

이것만은 꼭 알고 가자!

+ 연금보험 가입 후 청약일로부터 30일까지는 이유와 상관없이 청약철회할 수 있다.
+ 불완전판매일 경우 보험품질보증제도를 이용하면 청약일로부터 3개월 이내에 계약을 취소할 수 있다.
+ 연금보험의 특약 사항은 대부분 연금개시 후 사라지므로 특약을 선택하는 것보다 연금계약액을 늘리는 것이 낫다.

24

수익 낮은 연금저축,
손실 없이 갈아탈 수 있다

연말정산 시 공제를 받을 수 있고 원금이 보장되며, 연금을 신청할 때 유일하게 종신연금 수령이 가능하다는 말을 듣고 연금저축보험에 가입하는 이들이 많다. 그런데 본인이 가입한 연금저축상품보다 수익률이 더 높은 다른 상품으로 갈아타고 싶지만 손해를 볼까 봐 쉽사리 실행에 옮기지 못하는 경우가 있다. 이럴 때는 계좌이전제도를 활용하면 편리하다. 지금부터 수익이 낮은 연금저축계약을 손실 없이 갈아타는 노하우를 알아보자.

수익 낮은 연금저축,
계좌이전을 이용하자

가입중인 연금저축의 금융회사의 서비스나 수익률이 마음에 들지 않을 때 연금저축 내에서 다른 금융상품으로 교체할 수 있는 계좌이전제도가 있다. 이를 통해 아직 연금을 개시하지 않았다면 세제상의 불이익 없이 다른 상품으로 바꿀 수 있다.

그런데 이미 연금을 개시한 상태라면 조금 복잡해진다. 확정기간형은 이전이 가능하지만 종신형은 계좌가 해지되지 않으므로 이전이 불가능하다. 세제비적격 연금상품과 퇴직연금 역시 계좌이전이 불가능하다. 간혹 일반연금 저축상품 중에도 계좌이전이 되지 않는 경우가 있으니 미리 금융회사에 문의해야 한다. 또 연금을 지급 중인 종신형 보험계약이나 압류가 설정된 계약도 이전이 제한

된다. 간혹 연금저축 자금을 일부만 이체할 수 있는지 궁금해하는 경우가 있는데 이 역시 불가능하다.

보험회사의 연금저축보험을 다른 금융회사 상품으로 이전하려 할 때는 다른 개인연금상품에는 없는 최저보증이율을 확인해야 한다. 최저보증이율은 가입 회사와 시기에 따라 차이가 있다. 최저보증이율이 높다면 이전보다는 계약 유지가 나을 수 있기 때문이다. 원금의 보장과 예금자 보호 혜택을 모두 받고 싶다면 연금저축보험이나 연금저축신탁을 이용해야 하며, 연금저축펀드로 갈아타는 것은 안 된다.

참고로 연금저축상품의 과거수익률, 수수료 등이 궁금하다면 금융감독원 홈페이지의 '연금저축통합 공시화면'에서 조회할 수 있으니 비교해보자.

계좌이전, 어떻게 할까

계좌이전 절차는 생각보다 간단하다. 먼저 신규 금융회사에 찾아가 계좌이전 신청서를 작성한다. 그러면 신규 회사는 기존 금융회사에 관련된 내용을 통보하고, 기존 회사는 고객에게 이체 의사를 확인한다. 다음으로 고객이 신규 회사로부터 이체 결과를 전화로 통보받으면 모든 절차가 마무리된다.

신규 회사에 갈 때는 기존에 가입했던 회사의 연금저축상품 정보(계좌번호, 비밀번호 등), 가입자의 도장(서명거래인 경우 생략), 신분증을 가져가야 한다. 가입자가 이체 의사 확인방법을 '전화 통화'로 신청해두면 전화로 가능하며 대면 상담을 원한다면 영업점을 방문해도 된다.

만일 계좌이전 신청일 다음날까지 이체 의사 확인전화가 오지 않으면 기존 금융회사에 연락해야 한다. 간혹 기존 금융회사에서 의도적으로 빠르게 처리하지 않고 늑장을 부리는 경우가 있기 때문이다. 이때 주의할 점이 있다. 펀드계좌를 이전할 때는 기존 펀드를 환매해야 한다는 것이다. 반드시 본인이 환매를 요청해야 하며, 새로운 금융회사에 계좌를 개설했다고 해서 나머지도 모두 알아서 처리해주지 않음을 기억하자.

이전 신청을 하는 중에 마음이 바뀔 수도 있다. 이 경우 기존 금융회사에 최종적인 의사를 확인한 상태가 아니라면 취소할 수 있다. 이체 의사 확인전화를 받는 중이라도 "예"라고만 하지 않으면 된다. 하지만 이미 확인한 이후라면 적립금이 바로 새로운 금융회사로 이체되어 취소가 불가능하다.

2013년 2월 이전 가입 상품은 계약이전 일자를 선택할 수 있다

2001년 2월부터 2013년 2월까지 판매한 상품의 정확한 명칭은 연금저축이다. 이후 출시된 상품을 연금저축계좌라고 하는데 편의상 모두 연금저축으로 통칭한다. 연금저축과 연금저축계좌 간에는 몇

2013년 2월 이전 가입자의 계약일자 선택에 따른 차이점

구분	연금저축으로 계속 유지	연금저축계좌로 이전 시	
		종전 가입일 선택	신규 가입일 선택
가입시기	2001년 2월 ~ 2013년 2월	2013년 2월 이후~현재	
계좌운용구조	단일상품	복수펀드 분산투자 가능	
중도 인출	불가(해지)	가능	
과세방법	해지 등 일부사항만 조세특례제한법 적용 나머지는 소득세법 적용	소득세법 적용	
해지가산세	5년 내 해지 시 2.2% 부과	없음	
연금 수령기간	5년 이상	10년 이상	
연금 수령 연차 적용	가입기간 5년, 만 55세 충족 시 수령연차 6년차	가입기간 5년, 만 55세 충족 시 수령연차 1년차	

가지 차이가 있는데 그중 하나가 1개의 펀드에만 투자할 수 있는지, 아니면 복수의 펀드에 투자해 포트폴리오를 구성할 수 있는지 여부이다. 복수의 펀드에 투자하려면 연금저축계좌로 이전해야 한다.

연금저축을 연금저축계좌로 이전할 때는 종전 가입일과 신규 가입일을 선택할 수 있다. 종전 가입일을 유지하느냐 혹은 바꾸느냐에 따라 약간의 차이가 존재한다. 종전 가입일을 선택하면 5년 이내 해지할 경우 해지가산세 2.2%가 부과된다. 그러나 연간 급여 수령한도를 높여 받고자 할 때는 종전 가입일을 유지하는 것이 좋다. 2013년 2월 이후 가입분과는 연금 수령연차 기준이 다르기 때문이다. 종전 가입일을 유지할 경우는 6년차부터, 이후 가입자는 1년차부터 새로 적용된다.

연금저축상품,
7년이 지나면 갈아타도 부담없다

보험회사가 아닌 다른 금융회사에서 연금저축상품에 가입하고 7년이 지나 보험회사로 넘어가면 어떻게 될까? 보험회사 입장에서는 사업비를 많이 부과할 수 없고 자산운용의 부담만 짊어지는 셈이라 이런 경우를 달가워하지 않는다. 반대로 소비자 입장에서는 종신형으로 연금을 받고자 할 때 이용할 수 있다. 연금저축 가입 7년차 이후에 생명보험회사가 판매하는 연금저축보험으로 갈아타도 가입자가 짊어져야 하는 부담이 없다.

그렇다면 보험회사에서 가입한 연금저축보험을 7년 이후 다른 금융권으로 이전한다면 어떤 일이 생길까? 수익성 등은 전혀 고려하지 않고 사업비만 비교한다면 반대의 상황이 벌어진다. 이때는 보험회사에서 비용을 선취 방식으로 떼고 난 다음 형성된 연금 재원에서 다시 후취 방식으로 비용을 내야 한다. 가입자 입장에서는 이중으로 비용을 내는 셈이므로 처음부터 연금저축신탁이나 연금저축펀드에 가입한 사람보다 불리할 수밖에 없다.

실효된 연금저축보험도 계좌이전 할 수 있다

기존에는 실효된 연금저축보험의 계약을 다시금 부활시키려면 밀린 보험료와 이자를 모두 납부해야만 가능했다. 하지만 2014년 4월 이후 연금저축보험 가입자는 1회분 보험료 납부만으로 계약을 살릴 수 있다. 아울러 실효 상태에서 미납 보험료 납부 없이도 계좌이전이 가능해졌다.

> ### 이것만은 꼭 알고 가자!
> + 가입한 연금저축에 불만이 생겼다면 계좌이전제도를 이용하자.
> + 단, 연금저축보험을 계좌이전하면 원금을 못 받을 수도 있고 비용을 이중으로 부담할 우려가 있으므로 신중하게 결정해야 한다.
> + 실효된 연금저축보험은 미납된 보험료를 안 내도 계약이전이 가능하므로 무조건 해지부터 하지 말자.

25

연금저축펀드로
내 자산 똑똑하게 불리기

과거처럼 열심히 저축만 해서 안정적인 노후를 꿈꿀 수 있는 시절은 지났다. 이제는 다양한 투자를 병행해야 하는데 직접 주식투자를 하면 2가지 위험이 있다. 바로 종목 선택의 위험과 주가 하락의 위험이다.

펀드는 여러 종목에 분산투자하는 것이므로 종목 선택의 위험은 어느 정도 없앨 수 있다. 문제는 주가 하락의 위험이다. 이를 줄이기 위해서는 정기적인 납입, 즉 분할매수를 하면 된다. 어차피 연금저축의 한도는 연간 1,800만 원이다. 다달이 정기납입 방식으로 분산하지 않아도 적어도 1년 단위로 분산이 가능하기는 하다. 하지만 분산투자를 한다고 해서 정말로 모든 투자 위험이 사라질까?

펀드 수익률, 주가지수에 따라 결정된다

연금저축펀드를 이용해 일본 주식시장에 투자하는 펀드에 가입했다고 해보자. 이 펀드의 운용보고서는 어떤 종목에 어떤 비율로 투자하고, 운용인력은 누구인지 등의 정보를 알려준다. 여러 펀드를 꼼꼼하게 비교해서 그중 제일 괜찮아 보이는 것을 선택했다고 가정하자.

이 펀드의 수익률에 가장 큰 영향을 미치는 것은 무엇일까? 바로 일본의 니케이지수이다. 니케이지수가 오르면 대부분의 펀드가 플러스 수익률이고 반대로 니케이지수가 떨어지면 마이너스 수익률을 기록한다. 유사한 성격의 펀드라면 거의 비슷하게 움직인다. 보유주식 종목과 펀드매니저의 운용 능력에 따라 약간의 차이는 있겠지만 유사한 펀드들의 수익률은 크게 다르지 않다.

이처럼 펀드는 투자하는 시장의 주가지수가 어떻게 움직이는지가 중요하다. 주식시장의 끊임없는 파동 속에서 가입 시점 및 환매 시점을 어떻게 결정하느냐가 수익률에 지대한 영향을 미친다. 주가가 폭락하는 시기에는 아무리 운용을 잘하고 벤치마크지수보다 수익률이 덜 빠졌다고 해도 마이너스 수익이 나올 수밖에 없다.

가장 중요한 것은 경기 동향

경기가 순조로울 때에는 주가도 오르지만 경기가 나빠지면 주가는 하락한다. 그러므로 펀드 투자는 경기 동향에 대한 예측이 중요하다. 경기가 향후 좋아진다거나 유망산업에 투자자와 돈이 몰릴 것으로 예상된다거나 하는 식의 이슈를 찾아내는 능력이 필요하다. 이를 바탕으로 해당 국가의 주가지수를 따르는 인덱스펀드를 고르면 된다. 인덱스펀드의 장점은 수수료가 상대적으로 저렴하다는 점이다.

"OO펀드가 요즘 잘나가요"라는 말만 듣고 그 펀드가 수익률을 담보해준다는 착각을 해서는 안 된다. 지금 좋다는 것이 반드시 미래의 수익률을 보장하지는 않는다. 중요한 것은 주식시장을 움직이게 하는 근본적인 힘, 경기에 달려 있다. 상반기 수익률이 대부분 마이너스라는 내용이 나오면 사람들은 겁을 내곤 한다. 그럴 때에는 기사만 볼 것이 아니라 해당 펀드가 언제 설정되었는지 등을 살펴봐야 한다. 연초에 펀드에 투자했는데 니케이지수가 연초보다 낮아져 있으니 마이너스 수익률이 된 것이다. 그보다 낮은 기준가에 펀드에 투자한 사람들 중에는 플러스 수익인 경우도 있으므로 기사만 믿기보다는 해당 펀드를 직접 찾아보고 확인해야 한다.

증권사 직원을 마음껏 활용하라

초보자라면 혼자서 판단하기 어려울 때가 많다. 이런 때는 옆에서 도와줄 수 있는 사람이 필요한데 증권사 직원을 활용하면 된다. 아무래도 개인연금펀드는 주식시장에 투자하는 상품이므로 증권사의 전문성을 활용할 필요성이 있다. 자신이 계좌를 개설한 곳에 전화를 걸거나 찾아가서 시장 동향과 전략을 물어라. 수수료는 그러라고 꼬박꼬박 내는 것이다.

증권회사 홈페이지에서 리포트나 전략 등을 찾아보고 참조해도 된다. 단, 시장 동향은 3개월에서 길어봐야 6개월 정도 유효하다고 봐야 한다. 특히 연초에는 일간지 기사 등을 통해 '올 한 해 시장전망'이라는 식의 리포트를 만들어 배포하기도 한다. 하지만 이 내용을 100% 신뢰하지는 말자. 결국은 예상에 불과한 전망이기 때문이다. 해당 리포트를 쓸 때의 시점과 다른 변수가 하나라도 생기면 실제 결과는 달라진다. 수시로 예측이 바뀔 수 있는 곳이 금융시장이다.

펀드의 규모, 크면 클수록 좋을까

펀드는 다수 종목에 투자하는 구조이므로 개별 종목에 대한 위험을 제거하고 분산투자 효과를 높이는 것이 특징이다. 따라서 동일한 조건을 가지고 있다면 규모가 큰 펀드가 좋다. 설정액이 적은 펀드는 수익률이 쉽게 요동칠 위험이 있다. 다만 중소형주 펀드처럼 특정한 운용 전략을 구사하는 펀드라면 규모가 커질수록 움직임이 더뎌 수익률이 좋지 않을 수도 있다.

주가가 상승할 것으로 예상되면 당연히 주식투자 비중을 높여야 한다. 반대로 주가가 하락할 것으로 보이면 주식 비중을 낮추고 채권 비중을 높이면 된다. 펀드 변경권을 활용하면 주식시장 상승기에는 높은 수익을 기대할 수 있고, 하락기에는 채권으로 갈아타서 자산을 안정적으로 지킬 수 있다.

1주일 또는 1개월 등 단기운용 성과만 보고 판단해 펀드를 변경하는 것은 위험할 수 있다. 게다가 너무 자주 펀드를 변경하면 수수료가 발생해 오히려 수익률을 악화시킬 수 있다. 따라서 돌발적인 악재가 발생해 시장 상황이 급변하지 않는 한 6개월에서 1년 단위로 투자한 펀드를 평가해보는 것이 좋다.

+ 펀드 수익률은 기본적으로 경기 상황에 달렸다.
+ 주가가 상승할 것으로 예상되면 주식 비중을, 주가가 하락할 것으로 예상되면 채권 비중을 높여야 한다.
+ 갑작스런 악재로 시장 상황이 급변하지 않는 한, 투자한 펀드를 6개월에서 1년 단위로 평가해 변경 여부를 결정하자.

26

수익률과 안정성, 두 마리 토끼를 잡아라

전 세계 주식시장에서 우리나라 주식시장이 차지하는 비중은 1.7%, 채권시장의 비중은 1.5%에 불과하다. 시장 규모가 작다는 것은 투자에 있어 유리한 상황은 아니다. 돌발변수 등이 나타났을 때 그만큼 쉽게 출렁일 수 있기 때문이다. 이런 점에서 해외 자산에 적절하게 투자할 경우 국내 자산에만 투자하는 것보다 훨씬 안정적이면서도 높은 수익률을 얻을 수 있다.

해외 투자하면 정말로 위험이 줄어들까

2012년 12월부터 2014년 12월까지 2년간 한국 · 미국 · 중국의 주식형 펀드에 골고루 투자했다고 가정해보자. 블룸버그 통신 자료에 따르면 한국 · 미국 · 중국에 분산투자했을 때 3년 투자수익률은 38.5%, 한국 · 미국에 투자했을 때는 34.3%, 한국 · 중국에 투자했을 때는 26%였다. 하지만 한국에만 투자했을 경우 수익률은

해외 분산투자 사례

투자국가	한국, 미국, 중국	한국, 미국	한국, 중국	한국
3년 투자수익률	38.5%	34.3%	26.0%	4.9%

* 블룸버그, 국가별 투자비중 동일 가정, S&P500지수, 상하이종합지수, 코스피종합지수 사용

4.9%에 불과했다.

물론 이는 세금이나 수수료, 환율 및 환전비용을 고려하지 않고 각국의 주가지수만으로 단순 계산한 결과이다. 종합주가지수가 지루한 움직임을 보였던 국내주식형 펀드에만 투자했을 때보다 해당 기간 중에 상대적으로 좋은 경기를 보였던 나라들에 분산투자했을 때 당연히 더 좋은 수익률을 얻을 수 있다. 이를 통해 나라마다 금융시장의 움직임이 다르므로 이제는 해외 분산투자를 똑똑하게 활용해야 함을 알 수 있다.

대부분의 사람들은 시장 동향을 잘 모른다는 이유로 해외 투자를 꺼린다. 하지만 연금 자산은 어차피 펀드를 이용한 간접투자방식으로만 활용할 수 있어 그렇게 겁내지 않아도 된다. 따라서 외신 기사를 포함한 경제 기사를 꾸준히 읽으면서 해외시장 동향을 파악하자. 현재 연금 자산을 이용해 해외에 투자할 수 있는 펀드로는 중국과 일본 관련 상품이 주류를 이룬다.

세제적격 상품이라면 국내가 아닌 해외펀드를

금융자산을 이용한 해외 투자는 아직 보편적인 것은 아니다. 그렇지만 퇴직연금의 DC형과 IRP계좌, 연금저축펀드는 과세 자산으로 운용해야 유리하다. 이들 계좌로는 15.4%가 과세되는 국내외 채권이나 다양한 해외펀드에 투자하고, 주식의 매매 또는 평가 이익에 비과세 혜택을 주는 국내주식형 펀드는 일반 펀드로 선택하는 것이 더 효율적이다. 물론 채권이 포함되어 있을 경우, 이자소득과 주식배당으로 인한 이익은 일반 과세 대상이 된다.

국내주식형 펀드와 해외주식형 펀드에 각각 1,000만 원씩 투자해서 100만 원씩 이익이 생겼다고 해보자. 이때 국내형은 세금이 없지만 해외형은 15만 4,000원의 세금을 내야 한다. 세금을 내고 나면 당연히 수익률이 낮아진다. 하지만 세제적격 상품을 이용해서 투자하면 나중에 연금으로 인출할 때 세금은 3만 3,000원, 4만 4,000원, 5만 5,000원 중 한 가지가 적용된다. 바로 이 점 때문에 연금계좌를 이용하면 절세 측면에서 유리하다고 하는 것이다.

그리고 해외펀드 투자는 국내 주식시장의 리스크를 줄이기 위한 분산투자 개념이다. 국내 경기가 침체를 보여 국내펀드들의 수익률이 좋지 않아도, 다른 나라는 경기가 좋아 높은 수익률을 얻을 수 있다. 북한과의 대치 등 우리나라만이 지닌 지정학적 리스크에 대한 방어 목적도 물론 포함된다.

해외펀드 투자,
이렇게 하자

해외펀드는 국내펀드 투자보다 유의할 점이 많다. 투자할 때 그래서 뚜렷한 자신만의 원칙을 가지고 접근하는 것이 중요하다. 성공적인 해외 투자를 위한 요령을 알아보자.

하나, 투자 대상국가는 자신의 투자 성향에 맞춰 선택한다. 안정성과 수익성을 모두 잡을 수는 없다. 둘 중에서 무엇을 우선으로 놓을지 정해야 한다. 안정성을 원한다면 선진국에, 변동성을 감수하는 대신 높은 수익성을 중시한다면 개발도상국가 증시에 투자한다. 그 나라의 분위기는 현지인에게 묻는 것이 가장 확실하지만 현실적으로 어려우니 언론 보도를 통해 유추해야 한다. 인터넷 뉴스 검색 기능을 이용해 과거 6개월 치 기사를 꼼꼼히 살펴보면 도움이 된다.

둘, 어떤 업종 위주로 투자할지 결정한다. 펀드 운용보고서를 보면 그 펀드가 어느 나라 어느 기업의 주식에 투자하는지 확인할 수 있다. 여기서 이런 선택이 해당 국가의 산업 및 경제 사이클 등과 부합하는지 살펴야 한다. 섬유나 신발제조 등 국내에서는 사양산업인 것들도 경제성장률이 높은 동남아시아 국가들에서는 유망산업일 수 있다.

셋, 환율의 추이를 고려하자. 해외펀드는 달러화나 현지 통화로 환전한 다음에 투자하므로 펀드의 운용수익 외에 환율변동에 따른 영향도 받는다. 환차익과 환차손 모두 나타날 수 있음을 기억하자.

넷, 여러 국가에 분산해서 투자하자. 단일국가에 투자하는 펀드는 위험도가 높다. 그러므로 여러 국가에 분산투자하거나 여러 개의 펀드에 자금을 나누어 투자하는 것이 상대적으로 안전하다. 이를 위해서는 개별 국가들의 정치·경제적 변화를 살펴보는 것은 물론, 글로벌 이슈가 무엇인지 파악할 수 있어야 한다.

> **이것만은 꼭 알고 가자!**
> + 높은 수익률과 분산투자 효과를 얻으려면 우리나라보다 경기가 좋은 국가를 선택할 필요가 있다.

27 연금상품, 개인종합자산관리계좌를 만나다

든든한 노후를 위해서는 제대로 된 선택만큼 중요한 것이 없다. 개인연금상품이든 일반 금융상품이든 현재 가능한 선택지 중에서 가장 유리한 것을 이용해야 한다. 다행히 2016년부터 개인종합자산관리계좌와 해외주식투자전용펀드가 신설되었다. 이들 상품과 연금저축을 적절하게 조합하면 보다 확실하고 안전하게 노후를 준비할 수 있다. 지금부터 연금저축과 이들 상품 간의 최적의 조합을 찾아보자.

만능 통장이 떴다!
개인종합자산관리계좌의 등장

가계 금융자산을 늘려주기 위한 개인종합자산관리계좌(Individual Savings Account, ISA)는 하나의 통장에서 다양한 투자 상품 및 예금과 적금을 동시에 관리할 수 있는 계좌이다. 일정 기간 보유하면 발생한 소득을 모두 통합하여 계산한 후 순이익을 기준으로 비과세 혜택과 9.9%의 분리과세를 적용받을 수 있다. 납입한도는 연간 2,000만 원이며 의무가입기간은 3년이다.

• ISA로 운용 가능한 투자 상품

- 예금 및 적금 / 파생결합증권

- 펀드(국내주식형 및 채권형, 해외주식형 및 채권형, 국내혼합형 및 해외

  혼합형, ETF)

• ISA 가입조건

- 근로소득 및 사업소득이 있는 경우, 농어민(1인 1계좌)

- 신규 취업자라면 당해 연도 소득이 있는 경우

- 직전연도 금융소득 2,000만 원 이하(금융소득종합과세자 제외)

• 세제 혜택 내용

- 연소득 5,000만 원 이하 : 의무가입기간에 발생한 수익에서

                          250만 원까지 비과세 적용,

                          초과금 9.9% 분리과세 적용

- 연소득 5,000만 원 이상 : 의무가입기간에 발생한 수익에서

                          200만 원까지 비과세 적용,

                          초과금 9.9% 분리과세 적용

어느 상품에 무엇을 담을까

해외주식전용 비과세 펀드 한도인 3,000만 원 내에서 해외펀드에 투자한다면 개인종합자산관리계좌에 담을 이유가 없다. 뿐만 아니라 당분간 연금계좌나 퇴직연금계좌에 담을 필요도 없다. 상장주식의 60% 이상을 직·간접적으로 투자하는 펀드로 규정이 되어 있으므로 해외채권형 펀드는 비과세 대상이 아니다. 때문에 3,000만 원 한도를 채우고도 해외주식형 펀드에 추가로 투자하거나 국내외 채권펀드, 주가연계증권, 상장지수펀드 등의 상품에 대해서 개인종합자산관리계좌나 연금저축계좌 또는 퇴직연금계좌를 고려해야 한다. 이들 계좌에 굳이 담을 필요가 없는 상품은 기존에도 세금이 부과되지 않던 국내주식형 펀드이다.

주가연계증권 상품수익에 매겨졌던 15.4%의 배당소득세가 없어지고 최대 250만 원(연봉 5,000만 원)까지 비과세 혜택을 받을 수 있다. 지수형 주가연계증권 상품의 평균수익률은 최소 6%, 최대 10% 수준이다. 예를 들어 연 10% 수익률인 주가연계증권 상품에 1,000만 원을 투자해 1년 만에 조기 상환했다면 투자수익은 100만 원이다. 이때 개인종합자산관리계좌로 가입하면 100% 비과세 혜택을 받아 세금을 내지 않아도 된다. 만일 이를 퇴직연금의 DC형

계좌를 이용해 투자했다면 연금개시 후 소득세 5.5%를 적용받아 5만 5,000원의 세금을 내야 한다.

그러므로 투자가능 대상이 겹친다면 개인종합자산관리계좌를 통하는 것이 낫다. 보수적 투자자라면 원금 손실 위험이 없는 예금 및 적금 상품이라도 여기 담아야 한다. 이자소득세 15.4%를 내지 않아도 되기 때문이다. 그러면 이를 이용해 비과세 혜택을 받을 수 있는 납입금과 수익률을 계산해보자.

ISA로 비과세 혜택을 받을 수 있는 납입금과 수익률 예시

구분	월 납입금	연 납입금	총납입금(3년)	누적수익률	수익금
1	66.7만 원	800만 원	2,400만 원	10.4%	250만 원
2	55.6만 원	667만 원	2,000만 원	12.5%	250만 원
3	41.7만 원	500만 원	1,500만 원	16.7%	250만 원
4	33.3만 원	400만 원	1,200만 원	20.8%	250만 원

위의 4가지 경우는 간접투자 상품을 이용해 3년간 얻을 수 있는 현실적인 수익률이다. 연봉 5,000만 원 이하라면 대략 33만~67만 원 정도를 3년간 매달 불입할 경우 비과세 혜택을 적용받을 수 있

다. 이를 초과하면 9.9%의 분리과세가 적용된다.

물론 개인종합자산관리계좌와 연금마련용 세제적격 상품은 계좌의 성격이나 혜택이 다르므로 동일선상에 두고 판단하기는 어렵다. 그러므로 투자목적과 기간에 따른 전략적 선택을 통해 황금비율을 찾아야 한다. 해외주식투자전용 펀드와 개인종합자산관리계좌는 결혼 자금, 주택마련 자금, 자녀의 학자금 등 목돈이 필요할 때를 대비하고 노후는 연금계좌로 준비하는 것이 좋다.

이것만은 꼭 알고 가자!

+ 개인연금상품 외에도 세금 면에서 더 유리한 상품이 있다면 전략적으로 활용하자.
+ 개인종합자산관리계좌는 순이익을 기준으로 비과세와 9.9%의 분리과세 혜택을 적용받을 수 있다.
+ 해외주식투자전용 펀드는 2016년부터 2017년 12월 31일까지 2년간 한시적으로 가입해 3,000만 원 한도 내에서 투자하면 비과세 혜택을 받을 수 있다.

28

금쪽같은 퇴직연금, 날개를 달자

개인형 퇴직연금(Individual Retirement Pension, IRP)은 쉽게 말해 '자기 명의의 퇴직연금'이다. 퇴직금을 일시금이 아닌 연금 형태로 개인 퇴직계좌에 넣어둘 수 있게 한 것이다. 2015년부터는 IRP계좌에 이체된 퇴직금을 연금으로 받으면 세금을 깎아주고 추가로 적립하면 세액공제 혜택까지 받을 수 있어 관심이 뜨겁다.

이제는 퇴직연금을 제대로 활용할 수 있도록 힘을 키워야 한다. 국민연금 같은 공적연금과 달리 개인형 퇴직연금은 물가상승을 보전해주지 않기 때문에 원금만 지키면 된다는 안일한 생각으로 운용했다가는 졸지에 푼돈으로 전락할 수 있다.

추가적립으로
세액공제 한도를 늘릴 수 있다

세액공제 대상인 연금계좌는 연금저축과 퇴직연금으로 구성된다. 연말정산 때 퇴직연금의 DC계좌나 IRP계좌에 연간 1,200만 원 내에서 추가로 적립하면 세액공제 대상 액수가 400만 원에서 700만 원으로 올라간다. 추가적립은 실무적인 문제로 DC보다 IRP를 활용하는 쪽이 편하다.

개인연금저축 납입한도는 연 1,800만 원이지만 세액공제를 받을 수 있는 최대 액수는 연 400만 원이다. 이 때문에 세액공제 대상 금액은 연금저축과 퇴직연금에 돈을 어떻게 배분하고 조합하는가에 따라 최대치가 400만~700만 원으로 달라진다. 개인연금저축액이 하나도 없을 경우에는 IRP나 DC만 이용해도 최대 700만 원까지 세액공제가 가능하다. 반면 연금저축만으로 세액공제를 받을 수 있는 최대 금액은 400만 원이다.

세액공제를 받는 것은 퇴직금이 아닌 추가적립분이다

퇴직연금계좌에는 부담금과 적립금으로 분류된 돈이 있다. 부담금이란 회사가 정기적으로 근로자의 계좌에 납입해주는 퇴직급여이다. 한편 적립금은 가입자가 추가로 적립한 돈에 부담금과 적립금을 운용해 얻은 성과를 합친 돈을 말한다. 이렇게 분류하는 이유는 부담금과 적립금에 적용되는 세금 기준이 다르기 때문이다. 세액공제를 받을 수 있는 것은 그해에 입금된 부담금이 아니다. 오로지 그해에 추가로 적립된 금액에 한해서만 적용된다.

추가적립은 연금저축에 할까, IRP계좌에 할까

IRP계좌에 추가적립할 때 세금을 환급해주는 세액공제나 세금 납부를 늦춰주는 과세이연 혜택만 생각했다가는 곤란해질 수 있다.

55세 이전에 자녀의 학자금이나 결혼자금 등 급하게 목돈이 필요

할 수도 있기 때문이다.

연금저축은 자유롭게 인출할 수 있지만 IRP계좌는 법정 사유를

제외하고는 중도 인출과 부분 인출이 허용되지 않는다. 무주택자

가 주택을 구입하거나 본인 및 부양가족이 6개월 이상 요양해야

하는 경우, 노동부가 정하는 천재지변이 발생했을 경우, 회생절차

나 파산절차를 개시하는 경우에만 허용된다. 퇴직연금제도 자체가

퇴직금을 연금으로 받도록 만들어진 것이라 중도 인출이 매우 까

IRP와 연금저축의 비교

	개인형 퇴직연금(IRP)	연금저축
대상	퇴직연금 가입자, 퇴직금 수령자	가입대상 제한 없음
납입한도	연 1,200만 원	연 1,800만 원 (IRP 추가납입금 합산)
세액공제	연 700만 원 한도 (연금저축액 포함)	-
투자가능 상품	예금, 채권, 펀드, 원리금보장상품, 파생결합증권 등 다양한 상품	보험, 신탁-안정형, 공시이율형 상품 중 선택 여러 펀드 투자가능
중도 인출	원칙적 불가 법정사유에 해당할 경우만 허용	가능

다롭다. 만약 위의 중도 인출 사유에 해당되면 연금소득세만 내면 된다.

그렇다고 55세 이전에 필요할 것으로 예상되는 자금을 연금저축에 넣어두는 것이 유리하다는 말은 결코 아니다. 연금저축이 IRP 계좌에 비해 중도 인출에 제한이 없다는 것이지, 아무 때나 인출해도 손실이 발생하지 않는다는 것이 아니다. 연금 외 수령을 할 경우 기타소득세 과세 대상이 된다.

결국 55세 이전에 필요할 것으로 예상되는 자금은 다른 방법으로 모아야 한다. 그래야만 세금 납부로 인한 손실을 막을 수 있다. 또한 국내주식형 펀드에 투자할 계획이라면 IRP계좌가 불리하다는 것도 알아두자.

퇴직금은 퇴직일로부터 14일 이내에 받도록 되어 있다. 55세 미만 퇴직연금 가입자인 경우 퇴직금이 자동으로 IRP계좌로 이체된다. 퇴직금이 IRP계좌로 들어가면 몇 가지 좋은 점이 있다. 돈을 인출할 때까지 퇴직소득세 납부를 늦춰주고 55세 이후 연금으로 받으면 퇴직소득세도 30% 감면해준다. 또한 세금이 미뤄진 기간 동안 단지 IRP계좌에만 넣어두어도 이자수익이 발생하므로 그만큼 세금을 적게 낼 수 있다.

또한 퇴직연금제도를 도입하지 않은 기업의 가입자라도 IRP를 이용해 세금 유예와 퇴직소득세 감면 혜택을 받을 수 있다. 퇴직금을 받은 후 IRP계좌를 만들어 예치하면 된다. 퇴직연금 가입자 외에도 퇴직금을 일시금 형태로 이미 받았거나 퇴직금을 중간정산 형태로 받은 사람은 IRP계좌를 만들 수 있다. 회사를 이직하거나 정년퇴직하면서 받은 퇴직금의 퇴직소득세는 IRP를 통해 당분간 돌려받을 수 있다. 단, 조건이 있다. 퇴직금의 80%에 해당하는 금액을 퇴직한 날로부터 60일 이내에 적립해야 한다.

퇴직연금에서 DB형이나 DC형 가입자가 아니어도 10명 미만 사업장에서 고용주가 근로자의 동의를 받으면 IRP에 가입할 수 있다. 사용자는 연간 임금 총액의 12분의 1 이상 되는 퇴직금을 가입자의 IRP에 넣어줘야 하는데 이를 기업형 IRP라고 한다.

자영업자는 오는 2017년 7월부터 IRP계좌에 가입할 수 있다. 그간 금융회사들은 편의상 퇴직 IRP계좌와 적립 IRP계좌를 구분해 관리했다. 동일한 금융회사에서는 1인 다계좌도 가능했지만 2015년 12월부터 고용노동부가 '1인 1사 1계좌' 원칙을 적용하기 시작했다. 때문에 기존의 다계좌 보유자가 하나만 남기고 반드시 계좌를 해지해야 하는 것은 아니지만 입금은 1계좌로만 해야 한다. 단, 연금 수령 중인 계좌가 있는 경우에는 IRP계좌를 추가로 개설하거나 입금할 수 있도록 예외를 두었다.

퇴직연금에 투자의 날개를 달자

퇴직연금의 DC형과 IRP계좌는 개인의 투자 능력을 시험하는 테스트와 같다. 현재 은행 15곳, 증권사 15곳, 생명보험회사 14곳, 손해보험회사 7곳, 근로복지공단 등 총 52개 회사가 퇴직연금 사업자로 등록되어 있고 이중 49개 회사가 영업 중이다. 물론 자사의 상품이 우수하다며 홍보전이 대단하다.

선택의 폭이 다양한 만큼 IRP계좌를 만들 때는 대략 3가지 정도의 판단 기준을 가지고 접근하면 좋다. 우선 편입된 상품이 많아야 한다. 선택의 폭이 넓어야 수익률을 낼 기회도 그만큼 많아지기 때문이다. 특히 해외 투자가 가능한 펀드상품이 다양해야 좀 더 유리하다. 이때 개별 상품들의 수익률이 어느 정도인지도 비교해야 한

다. 일일이 금융회사를 다 찾아다니지 않아도 각 회사의 홈페이지
에 들어가면 어떤 상품들이 있고 기간별 누적수익률이 어떠한지
등을 손쉽게 알 수 있다.

IRP에 들어 있는 상품은 예금, 보험, 펀드, 주가지수연계증권
(ELS) 등 매우 다양하다. 금융회사마다 갖추고 있는 상품에 조금씩
차이가 있다. 상품을 하나만 선택해도 되고 위험을 분산할 수 있도
록 여러 상품에 나누어 투자해도 된다. 또한 언제든지 편입된 상품
중에서 마음에 드는 것을 골라 변경해도 된다.

퇴직연금으로 투자할 수 있는 상품, 무엇이 있을까

원리금보장형과 실적배당형상품으로 나눌 수 있다. 원리금보장형
은 은행의 예금과 보험회사의 원리금보장형 보험, 증권사의 원리
금보장 주가지수연계사채, 원리금보장 주가지수연계증권, 우체국
예금 등이 있다. 실적배당형 상품으로는 증권사의 펀드와 보험회
사의 실적배당형 연금보험이 있다.

‖ **원리금보장상품**

여러 은행의 정기예금상품을 제공한다. 예금 만기 시 다른 상품으로의 변경 지시가 없으면 동일 상품에 자동으로 재가입된다. 원리금보장보험은 이율보증형과 금리연동형이 있다. 이율보증형은 보증기간이 종료될 때까지 약정이율을 보장해주고 금리연동형은 매달 변하는 공시이율이 적용되며 최저보증이율을 두고 있다. 증권사의 원리금보장 주가연계지수 사채는 상품마다 다소 차이가 나기는 하지만 정기예금보다 조금 높은 이자를 준다. 원리금보장상품의 경우 만기 이전에 해지하면 약정이율을 보장받지 못하고, 보험이라면 원금 손실이 나타날 수 있음에 유의해야 한다.

‖ **실적배당상품**

실적배당상품에는 채권형, 주식형, 혼합형이 있다. 채권형은 투자 지역에 따라 국내채권형, 해외채권형, 국내외혼합 채권형으로 구분된다. 해외채권형은 특정 국가 채권에 집중 투자하는 것으로 환율 변동 위험에 노출될 수 있다. 연금저축과 퇴직연금은 연금이 아닌 상태로 인출하거나 중도 해지할 경우 기타소득세 16.5%가 부과된다. 따라서 중도 해지하지 않고 연금개시 날짜까지 이어가야만 이들 상품이 주는 혜택을 모두 얻을 수 있다.

IRP계좌와 연금저축의 비교

구분	연간저축 금액		세액공제 대상 금액		
	연금저축	DC, IRP	연금저축	DC, IRP	합 계
1	700만 원	-	400만 원	-	400만 원
2	600만 원	100만 원	400만 원	100만 원	500만 원
3	500만 원	200만 원	400만 원	200만 원	600만 원
4	400만 원	300만 원	400만 원	300만 원	700만 원
5	300만 원	400만 원	300만 원	400만 원	700만 원
6	200만 원	500만 원	200만 원	500만 원	700만 원
7	100만 원	600만 원	100만 원	600만 원	700만 원
8	-	700만 원	-	700만 원	700만 원

마음에 안 든다면 과감히 갈아타라

IRP계좌를 이전하려면 기존 금융회사에서 '퇴직연금가입확인서'를 받는다. 그런 다음 신분증과 퇴직연금가입확인서를 가지고 새로운 금융회사로 가서 계좌를 개설한다. 이번에는 기존 금융회사로 다시 가서 계좌이전을 신청해야 한다. 이때 퇴직소득/연금계좌 원천징수영수증, 연금계좌 이체명세서, 연금납입확인서를 받아 새로운 회사에 제출하면 마무리된다. 만약 최초 계약 후 1년 이내에 계약을 이전하거나 중도 해지하는 경우에는 수수료가 부과되기도 하므로 사전에 확인해보자.

참고로 퇴직연금 수익률이 알고 싶다면 거래하는 금융회사나 금융감독원의 '통합연금포털(100lifeplan.fss.or.kr)'을 이용할 수 있다. 이곳은 개인연금, 퇴직연금, 국민연금 수령액을 예측할 수 있는 정보를 제공한다. 간단한 재무진단 서비스는 물론 연금저축과 퇴직연금 수익률 비교공시를 통해 상품별 수익을 비교해볼 수 있다. 또한 국민연금공단 홈페이지의 '내 연금 알아보기(http://www.nps.or.kr/jsppage/csa/csa.jsp)'에서 사적연금의 적립금액, 연금개시일, 예시 연금액 등을 확인할 수 있다.

이것만은 꼭 알고 가자!

+ 세액공제는 퇴직금이 아닌 추가적립분에 적용된다.
+ IRP계좌에 추가적립하면 세액공제 한도가 늘지만 중도 인출이 어려우니 여유자금에 한해 추가적립을 활용하자.
+ IRP계좌를 만들 때는 편입된 상품의 정도와 수익률 등을 꼼꼼히 비교한다.

29 가진 건 집 한 채, 주택연금 100% 활용하기

수익형 부동산을 구입한 후 월세를 받아 이를 노후 수입원으로 삼는 방법도 있지만, 대부분의 평범한 사람들에게 이는 꿈 같은 이야기이다. 하지만 다행히도 내 집 한 채만 있으면 이를 노후자금으로 활용할 수 있다. 바로 주택연금을 신청해 죽을 때까지 연금을 받으면서 내 집에서 사는 것이다. 2016년 3월부터는 대상 주택의 조건이 변경되면서 주택연금 문턱이 좀 더 낮아질 전망이다.

죽을 때까지 갚을 필요 없는 주택연금

'연금'이라는 말이 붙어 연금으로 생각하기 쉽지만 사실 주택연금은 정부가 보증하는 일종의 주택담보대출이다. 시중 은행에서 취급하는 주택담보대출과 비교했을 때 가입자가 오래 살수록 유리한 점이 많다. 일반 주택담보대출의 경우 원리금 상환이 연체되면 살고 있는 집이 경매로 나가게 되지만 주택연금은 그럴 위험이 전혀 없다. 부부가 생존해 있는 동안에는 자기 집에서 계속 살 수 있고 대출금을 갚을 필요도 없다.

또한 가입 시점에는 일반 주택담보대출보다 낮은 대출금리가 적용된다. 대출금리는 기준금리와 가산금리의 합으로 결정되는데, 기준금리는 고객과 금융기관이 협의하여 3개월 CD(양도성예금증서)

금리와 코픽스(은행의 자본조달 비용을 반영한 금리)금리(신규 취급액 기준) 중 하나를 선택할 수 있다. 가산금리는 CD의 경우 1.1%, 코픽스의 경우 0.85%가 적용된다.

이자는 매월 연금 지급총액(대출 잔액)에 가산되어 가입자가 직접 현금으로 납부할 필요는 없다. 단, 가입 이후에는 대출 기준금리를 변경할 수 없다. 요즘처럼 금리가 낮을 때는 유리하지만 고금리 시기에는 높은 대출금리가 적용되어 불리해진다.

주택연금, 다주택자도 신청할 수 있다

주택연금은 부부 중 한 사람이 만 60세 이상이면 신청할 수 있다. 부부 모두 사망했을 때 대출을 회수하므로 담보가 되는 주택가격은 부부 중 나이가 적은 사람을 기준으로 결정한다.

연금을 신청할 수 있는 건물은 주택이거나 지방자치단체에 신고된 노인복지주택(실버타운)이어야 한다. 이때 주택 가격이 시가 9억 원 이하여야 신청할 수 있다. 다주택자라도 합산가격이 9억 원 이하면 가능하다. 여기서 말하는 주택가격은 동네 중개업소에서 거래되는 가격이 아니다. 내가 살고 있는 집의 가격을 확인하려면 다음의 사이트를 참조하자.

- 한국감정원 부동산테크의 인터넷 시세(www.ret.co.kr)

- KB 인터넷 부동산 시세(www.kbstar.co.kr)

- 국토교통부에서 제공하는 주택공시가격(www.kreic.org/realtyprice/)

- 공사와 협약을 체결한 감정평가기관의 최근 6개월 이내 감정평가가격

주택금융공사는 주택가격 시가 9억 원 한도를 폐지하는 방안을 추진하고 있다. 단, 받는 연금액은 주택가격 9억 원에 해당하는 액수만 인정된다. 또한 주거용 오피스텔도 포함될 계획이다. 요즘에는 주거용 오피스텔에 사는 이들도 많아 대상을 넓히기 위함이다. 그러나 상가나 사무용 오피스텔 같은 상업용 건물은 여전히 제외된다.

상가와 주택이 같이 있는 경우, 건물의 일부분만 주택연금용으로 이용할 수는 없으므로 이때는 건물 전체에서 주택이 차지하는 면적이 50% 이상이어야 한다. 또한 예전에는 주택연금에 가입했어도 주택이 재건축 혹은 재개발 되면 연금 지급이 중단되었지만 지금은 그대로 유지할 수 있다.

만약 가입자가 해당 주택의 소유권을 상실하거나, 소유자 사망

후 6개월 이내에 배우자가 소유권이전등기 및 채무인수를 하지 않는 경우, 1년 이상 계속 거주하지 않는 경우에는 연금 지급이 중단되고 계약이 종료될 수 있다.

세입자가 있어도 연금을 받을 수 있다

주택연금을 신청하려면 가입자가 해당 주택에 거주해야 한다. 만약 남는 방이 있다면 세입자를 들여도 될까? 주택연금은 본질적으로 집을 담보로 하는 역모기지 상품이므로 소유권에 대한 침해가 없어야 한다. 따라서 임차보증금이 전혀 없는 순수 월세의 경우에만 세입자를 들이는 것이 가능하다.

5억 원 이하 주택이면 재산세가 25% 감면된다

주택연금은 일종의 대출이므로 재산세를 부과하는 행정자치부에서는 주택연금으로 받는 돈을 소득으로 보지 않는다. 오히려 부채로 인정해서 5억 원 이하 주택이라면 재산세를 25% 감면해준다.

주택에 저당권 설정 시 등록세가 설정금액의 0.2%, 국민주택채권 매입의무도 1% 면제된다. 또 교육세와 농어촌 특별세는 등록세액의 20%까지 면제된다. 주택연금 외에 다른 연금소득이 있는 경우, 주택연금을 받아 발생하는 대출이자에 대해서는 연간 200만 원 한도로 소득공제를 받을 수 있다.

부부가 이혼하면 연금을 나눌 수 없다

부부 중 가입자가 먼저 사망할 경우 남은 배우자는 연금을 100% 이어받게 된다. 그런데 요즘 황혼 이혼 사례가 심심찮게 발생한다. 이혼하면 국민연금처럼 남편과 아내가 연금을 나누어 받을 수 있을까? 대답은 '안 된다'이다. 주택연금은 생전에는 가입자 앞으로 연금이 지급되다가 사망하면 배우자가 승계하는 구조이다. 즉 가입 당시부터 계속해서 법률상 혼인관계가 유지된 배우자만 이어받을 수 있는 것이다. 그러므로 재혼한 배우자는 주택연금을 승계받을 수 없다. 또한 이혼할 때 위자료를 지급하는 등의 이유로 주택을 팔면 가입자가 소유권을 상실하게 되어 그동안 받은 대출 원리금을 상환해야만 한다.

한마디로 주택연금은 부부가 백년해로하고 최소한 한 사람이라도 오래 살면 유리한 상품이다. 부부 모두 사망하면 금융기관에서는 주택을 처분해서 대출금을 정산한다. 연금 수령액이 집값을 넘어서도 상속인에게 이를 넘어서는 대출 원리금을 청구하지 않는다. 반대로 집값이 남으면 상속인에게 내준다.

주택연금, 얼마나 받을 수 있을까?

부부 중 어린 사람의 나이가 60세인 가구가 3억 원짜리 집을 맡기고 주택연금(종신지급 정액형)을 신청하면 대략 매월 68만 2,000원을 받을 수 있다. 물론 가입 당시 연령이 높을수록, 주택가격이 높을수록 더 많이 받는다.

주택연금을 받는 방식은 우선 종신형과 확정기간 방식으로 나눌 수 있다. 여기서 다시 개인의 사정에 따라서 일정한 금액으로 고정하는 정액형, 초기 10년간은 정액형보다 많이 받다가 11년째부터는 초기 월 지급금의 70% 수준으로 받는 전후후박형 2가지 중 하나를 선택할 수 있다. 가입 시 연금 지급 유형을 선택한 뒤 3년 이내 한 차례 변경이 허용된다.

종신형의 경우 수시 인출 한도 설정 없이 매월 지급받는 종신지급방식, 수시 인출 한도 설정 후 나머지 부분을 매월 지급받는 종신혼합방식 등이 있다. 인출 한도는 의료비, 교육비, 주택 수선유지비, 주택담보대출 상환용도 등 총 사용 한도의 50% 이내이다. 2016년 3월부터는 60대 이상이 주택담보대출을 주택연금으로 전환하면, 연금의 일시 인출 한도를 기존 50%에서 70%로 확대해 대출 상환 부담이 줄어들 것으로 보인다.

이 외에도 2016년 3월부터는 보금자리론을 이용하는 30~50대가 향후 주택연금 가입을 약속할 경우 보금자리론 금리를 우대받을 수 있고, 일정 소득·자산 이하 고령층에 더 많은 연급을 지급하는 우대형 상품도 출시된다. 단, 그만큼 매달 연금 수령액이 줄어든다는 점을 기억하자.

집값이 많이 올랐다면, 중도 해지 후 재가입할 수 있을까?

주택연금은 연금으로 받았던 대출 원리금 총액을 상환하면 언제든지 중도 해지할 수 있다. 담보대출이지만 별도의 중도 해지 수수료 없이도 대출 원리금의 전액 또는 일부 정산이 가능하다. 하지만 2

회차 월 지급금 지급 전까지 철회 의사를 표시한 후 대출금 전액을 상환하는 경우를 제외하고는 초기 보증료를 돌려받을 수 없다.

주택연금의 장점이자 단점은 바로 연금 수령액이 가입 시점에 계산한 금액을 기반으로 고정된다는 점이다. 그러다 보니 주택 가격이 오르면 더 많은 연금을 받기 위해 중도 해지 후 다시 가입해도 되는지 궁금해하는 이들이 많다. 재가입은 중도 해지 후 다른 주택으로 이사했을 경우에만 가능하며 이사한 주택으로 담보를 변경해야 한다. 이때 일반 주택 간 변경을 하거나 노인복지주택 간 변경만 허용된다.

변경을 신청하면 이사를 하는 새로운 집과 기존 집의 가격을 각각 평가한다. 그 가격 차이에 따라 월 지급금은 변경될 수 있고, 신규 주택 가격이 더 높은 경우에는 초기 보증료를 추가로 납부해야 한다. 만일 신규 주택 가격이 낮다면 연금 지급총액의 일부 또는 전부를 상환한 후 다시 설정해야 한다.

동일 주택인 경우에는 원칙적으로 5년이 지나야만 다시 가입할 수 있다. 예외적으로 재가입 시점의 주택 가격이 직전 가입 시점의 주택 가격에 비해 낮거나 같은 경우에는 가능하다. 이는 주택 가격이 올랐다고 연금수령액을 늘리기 위해 무분별하게 해지나 재가입하는 것을 막기 위한 장치이다.

30

농지연금으로
여유로운 전원생활을

은퇴 후 도시 생활을 청산하고 귀농하고 싶어 하는 사람들이 많다. 하지만 전원생활을 하기 위해서는 그 무엇보다도 경제력이 중요하다. 농지연금은 이런 때 든든한 비팀목이 될 수 있다. 농지연금은 농어촌공사에서 실시하고 정부에서 보증하는 안정적인 연금제도로, 농어촌공사에서 가입부터 약정 종료 후 농지 처분까지 모든 절차를 일괄 수행한다.

농지연금을 수령하려면 먼저 농업인으로 인정을 받아야 한다. 이를 위해서는 5년 이상의 농사 경력이 필요하다. 이전부터 농사를 지었다면 농지원부 또는 농업경영체등록 확인서에 농업인으로 등록이 되어 있으므로 농업인으로 인정받기 쉽다.

하지만 처음부터 농업인이 아니라 귀농을 선택한 경우라면 자신의 명의로 된 농지부터 마련한 뒤 5년 동안 농사를 지어야 한다. 이때 신청일까지 연속적이지 않아도 된다. 띄엄띄엄 농사를 지었더라도 전체 기간 5년 이상, 연간 90일 이상의 조건만 채우면 된다. 그러면 농지원부 등에 기재되지 않았다고 해도 농지 소재지 농어촌공사의 확인이나, 그 지역 이장의 확인을 통해 발급하는 영농

경력확인서로도 가능하다. 또한 축산업종사자, 양봉종사자, 버섯 재배사 등도 가능하다. 나이는 65세가 넘어야 하며 신청연도 말일을 기준으로 판단한다. 가입 연령의 상한선은 없다.

　농지에 대한 크기 제한 역시 없다. 다만 농지연금도 주택연금처럼 담보대출이기 때문에 가입자를 기준으로 소유권 침해 등이 없어야 한다. 2인 이상 공동소유 농지일 경우 부부 공동지분 외의 지분은 제외하고 산출한다. 대상농지는 논, 밭, 과수원이되 실제 농사를 짓고 있는 상태로 저당권 등이 설정되어 있지 않아야 한다. 불법 건축물이 설치되어 있어도 안 되고 개발지역이거나 개발계획이 확정된 곳도 제외된다. 타인에게 소유권을 양도하면 더 이상 연금을 수령할 수 없으며 채무를 상환해야 한다. 연금액을 정할 때는 공시지가와 감정가액의 80% 중 높은 금액을 선택할 수 있다. 또한 언제든지 약정을 해지하고 채무를 상환할 수도 있다.

매월 300만 원까지 연금을 받을 수 있다?

농어촌공사에 따르면 2015년 월 평균 지급액은 89만 3,000원, 가입자 평균연령은 74세, 평균 농지 가격은 1억 5,600만 원이다. 농지연금 역시 담보농지의 가격이 높을수록 더 많은 연금을 받지만 월 300만 원이 상한선이다. 담보농지의 가격이 오르거나 떨어진다고 해도 가입 당시 가격을 기준으로 연금액이 정해지므로 연금액은 달라지지 않는다.

만약 농지와 주택으로부터 연금으로 월 100만 원을 받으려면 담보가치가 어느 정도 되어야 할까? 아래 표를 보면 65세를 기준으로 주택은 4억 원, 농지는 3억 원 정도면 가능하다. 따라서 담보가액 금액만으로 따질 때에는 주택연금보다 농지연금이 조금 더 유리하다.

농지연금과 주택연금으로 100만 원 만들기

구분	연금수령 나이	담보 가격	연금액
농지연금	65세	3억 원	109만 원
	70세	2억 4,000만 원	99만 원
주택연금	65세	4억 원	109만 원
	70세	3억 원	99만 원

* 출처 : 주택연금공사, 한국농어촌공사
* 종신형 기준, 2015년 2월 기준

농지연금 수령방법에는 종신형과 기간형이 있다. 종신형이 가입자가 사망할 때까지 매월 일정한 금액을 수령하는 방식이라면, 기간형은 가입자가 일정한 기간(5년, 10년, 15년)을 선택하는 방식이다.

종신형을 선택하면 신청자 본인과 배우자가 모두 사망할 때까지 연금을 받을 수 있어 오래 살아도 생활비 걱정을 덜 수 있다. 대신 기간형에 비해 다달이 받는 금액은 적다. 2015년 10월 말 기준 누적 가입자 수는 종신형이 37%, 기간형이 63%로 기간형 가입자가 많다. 농지연금은 연금 수령방식을 선택하면 중도에 변경할 수 없다.

또한 신청자의 나이에 따라서도 연금 수령액이 달라진다. 부부 중 나이가 적은 사람을 기준으로 금액이 결정되는데 특이한 점이 있다. 기간형은 가입 연령을 제한한다는 점이다. 이는 생전에 연금 수령기간이 끝나면 생활이 어려워지는 상황을 방지하려는 것이다. 이에 따라 73세의 농지연금 가입자가 기간형을 선택할 경우 10년형만 가입할 수 있고 5년형을 선택할 수 없다.

지급 방식에 따른 가입 가능 나이

구분	기간형			종신형
	15년형	10년형	5년형	
가입 가능 나이	68세 이상	73세 이상	78세 이상	65세 이상

농지만 임대해도 연금 받을 수 있다

농지 소유자가 나이가 들거나 질병 등으로 인해 경작하지 못할 경우, 농지은행에 임대를 위탁하고 임대료를 받아도 된다. 국민연금이나 개인연금을 받고 있어도 중복해서 연금을 받을 수 있으며 공시가격 6억 원까지 재산세를 면제해준다.

가입자가 사망하면 채무 상환은 어떻게 될까

종신형 농지연금이라면 원칙적으로 가입자와 배우자가 생존하는 동안에는 채무를 상환할 필요가 없다. 그러기 위해서는 가입자가 먼저 사망하면 배우자는 사망일로부터 6개월 이내에 소유권을 자기 명의로 이전하고 농지연금 채무를 인수해야 한다. 그렇지 않으면 연금지급이 중단되고 채무를 상환하게 된다. 종신형은 승계받은 배우자가 사망할 때까지, 기간형은 약정에서 남은 기간 동안 연금을 받을 수 있다.

채무는 상속인이 직접 상환해도 되는데 한 번에 상환할 수도 있고 나눠서 갚을 수도 있다. 분할 상환하려면 농지연금 약정이 해지된 날로부터 60일 이내에 채무의 40% 이상을 갚고, 나머지 잔액은 2년 동안 2회에 걸쳐 상환하면 된다. 만약 상속인이 직접 상환하지 않으면 농어촌공사에서 담보권을 실행해 처분한다. 이때 채무를 갚고 남은 금액은 상속자에게 돌려주며, 채무를 갚기에 부족하더라도 이를 상속인에게 청구하지는 않는다.

금융회사가 당신에게
알려주지 않는 '불편한 진실'

연금의 배신

펴낸날 초판 1쇄 2016년 3월 1일 | 초판 2쇄 2016년 4월 5일

지은이 조연행

펴낸이 임호준
이사 홍헌표
편집장 김소중
책임 편집 김보람 | **편집 4팀** 박현주 전설
디자인 왕윤경 김효숙 정윤경 | **마케팅** 강진수 임한호 김혜민
경영지원 나은혜 박석호 | **e-비즈** 표형원 이용직 김준홍 류현정 차상은

인쇄 (주)웰컴피앤피

펴낸곳 북클라우드 | **발행처** (주)헬스조선 | **출판등록** 제2-4324호 2006년 1월 12일
주소 서울특별시 중구 세종대로 21길 30 | **전화** (02) 724-7635 | **팩스** (02) 722-9339
홈페이지 www.vita-books.co.kr | **블로그** blog.naver.com/vita_books | **페이스북** www.facebook.com/vitabooks

ⓒ 조연행, 2016

ISBN 979-11-5846-068-6 13320

• 이 도서의 국립중앙도서관 출판예정도서목록(CIP)은 서지정보유통지원시스템 홈페이지(http://seoji.nl.go.kr)와
  국가자료공동목록시스템(http://www.nl.go.kr/kolisnet)에서 이용하실 수 있습니다. (CIP제어번호 : CIP2016004313)

• 북클라우드는 독자 여러분의 책에 대한 아이디어와 원고 투고를 기다리고 있습니다.
  책 출간을 원하시는 분은 이메일 vbook@chosun.com으로 간단한 개요와 취지, 연락처 등을 보내주세요.

북클라우드 는 건강한 마음과 아름다운 삶을 생각하는 (주)헬스조선의 출판 브랜드입니다.